重庆社区商业研究

重庆市高等学校『三特行动计划』建设项目（贸易经济特色专业）资助成果

张驰 曾庆均 著

西南财经大学出版社
Southwestern University of Finance & Economics Press

中国·成都

图书在版编目(CIP)数据

重庆社区商业研究/ 张驰,曾庆均著. —成都:西南财经大学出版社,
2017. 2
ISBN 978 - 7 - 5504 - 2856 - 0

Ⅰ.①重… Ⅱ.①张…②曾… Ⅲ.①社区—商业—研究—重庆
Ⅳ.①F727. 719

中国版本图书馆 CIP 数据核字(2017)第 033843 号

重庆社区商业研究

张驰　曾庆均　著

责任编辑:陆苏川　李晓嵩
责任校对:田园
封面设计:何东琳设计工作室
责任印制:朱曼丽

出版发行	西南财经大学出版社(四川省成都市光华村街55号)
网　　址	http://www. bookcj. com
电子邮件	bookcj@ foxmail. com
邮政编码	610074
电　　话	028 - 87353785　87352368
照　　排	四川胜翔数码印务设计有限公司
印　　刷	四川五洲彩印有限责任公司
成品尺寸	148mm ×210mm
印　　张	6. 125
字　　数	154 千字
版　　次	2018 年 7 月第 1 版
印　　次	2018 年 7 月第 1 次印刷
书　　号	ISBN 978 - 7 - 5504 - 2856 - 0
定　　价	42. 00 元

目 录

MULU

重庆市社区商业调查总结

张　驰　　曾庆均

"城因商而聚，商因城乃旺。"城是人口集聚的地域，市是商品交换的场所。城市的发展离不开商贸的支撑，而商贸的发展是为了满足城市中人群之间消费和交易的需求。从商业体系的角度看，城市商业可分为城市中心商业、区域中心商业与社区商业三种形态。其中，社区商业是指以居住区及周边居民为主要对象，以便民、利民为主旨，提供满足居民日常生活消费的商品和服务的属地型商业。社区商业的功能作用是在满足社区居民基本生活商品消费需求的同时，满足社区居民休闲、娱乐、文化服务消费需求，并且提供社区居民交往平台，满足现代城市社区居民的综合需求。

社区商业占据城市商业体系的重要位置，与中心商业、区域中心商业并驾齐驱，贯通经济命脉，繁荣经济发展。其发育程度体现在业态结构配置合理程度、商品与服务配置合理程度、配套设施供给充足程度等方面，决定着社区居民基本生活质量和生活水平。其发展模式变革体现在社区居民消费模式的变革上，是社区商业资源合理利用、社区生态环境均衡发展的重要机制。其设施项目的实施程度及外部不经济问题的解决力度，是政府关注民生、改善民生，落实国家惠民政策的直接体现和重要实现途径。

时代赋予重庆市商业发展新使命！重庆市不仅是我国国家级中心城市之一，也是长江上游的"会展之都""购物之都""美食之都",而且还是长江上游万商云集的商贸物流中心。在这样的时代背景下,"商"已成为重庆市经济社会发展的核心与主题。作为城市商业发展的基础,建立起布局合理、业态齐备、功能完善、服务快捷、管理有序的社区商业服务体系,是实现重庆市商业发展新使命的应有之义和重要物质支撑。

重庆市社区商业发展现状如何?社区居民对社区商业的满意度如何?社区商业目前存在的主要问题有哪些?应如何解决?目前,上述重要问题还没有形成较为系统的研究成果。

正是基于这样的契机,受重庆市"三特"行动计划资金资助,重庆工商大学贸易经济专业组织本专业学生,组成12个调查队,以社区居民对社区商业满意度为切入点,对重庆市12个区县(含7个主城区县和5个非主城区县)的社区商业进行了抽样调查,形成了基于重庆市社区商业的较为全面、深入的调研报告,客观、系统地展现出重庆市社区商业发展的基本概况,希望为重庆市社区商业发展提供有针对性的决策参考依据。

一、重庆市社区商业发展基本情况

重庆市委、市政府历来重视社区商业发展。重庆市是全国第一个以省级政府名义印发发展社区商业文件并召开专门工作会议的城市。重庆市严格按照社区商业的"双进"(即便利消费进社区、便民服务进家庭)和"5-10-15"(即居民出家门步行5分钟到达便利店,步行10分钟可到达超市、菜市场、餐饮店、美容美发店、洗衣店、药店等,驱车15分钟可到达购物中心)的工作要求,积极建设服务居民的社区商业。其主要建设内容为:一是新建社区便民商圈,合理配置商圈中餐饮、沐浴、洗染、家电维修、美容美发、婚庆等社区居民服务网点。二是推进菜市场改造升级。近几年,重庆市年均投入上亿元资金改造环境较差、设施陈旧的菜市场，并在全国率先实现标准化菜市场改造全覆盖。三是培育社区商业品牌企业，依靠龙头企业新建规范化、连锁化的社区商业网点与社区再生资源回收点。四是建立家政服务网络中心，培育家政品牌企业。五是大力实施早餐示范工程，发展早餐示范工程试点企业，建立主食加工配送中心、早餐经营网点。六是大力发展社区直销菜店（点），建立社区直销菜店（点），推进农民新村和公租房小区商业网点的配套工程建设。

通过近几年的着力建设，重庆市社区商业已基本完成"购物之都"第一阶段建设目标（到 2012 年，完成 150 个社区商业中心建设，社区商业设施覆盖率达到 85% 以上）。2014 年，重庆市便民商圈已达 152 个，居民区已基本实现社区商圈全覆盖，建设成效显著。

重庆市社区商业发展概况如表 1 所示。

表 1　　　　　　　重庆市社区商业发展概况

区县	社区名称	服务人口（万人）	商业面积（万平方米）	人均商业面积（平方米）	网点数量（个）	业态（种）数量（个）	连锁比重（%）	商业属性	商业形态	建成年限（年）	市级或国家级
渝中	中山二路社区	1.3	0.29	0.22	103	31	—	内向型	沿街式	—	—
江北	摩卡城市社区	0.5	1.40	2.80	68	14	—	中间型	沿街式	9	市级
沙坪坝	磁器口社区	1.6	1.02	1.01	420	12	24	外向型	沿街式	—	—
九龙坡	骏逸新视界城市便民商圈	2	1.43	0.72	53	11	25	中间型	沿街式	6	国家级
南岸	海棠溪街道学府社区	4.03	2.80	0.70	172	23	25	内向型	组团式	15	—

表1（续）

区县	社区名称	服务人口（万人）	商业面积（万平方米）	人均商业面积（平方米）	网点数量（个）	业态（种）数量（个）	连锁比重（%）	商业属性	商业形态	建成年限（年）	市级或国家级
渝北	龙湖社区	1.7	1.33	0.78	842	20	44	中间型	沿街式	16	国家级
万州	乌龙池社区	2.04	1.85	0.91	380	18	7	内向型	组团式	19	—
涪陵	青龙社区	1	3.47	2.31	214	13	4.8	中间型	沿街式	16	市级
江津	几江社区	1.50	320	2.13	67 000	10	3	中间型	沿街式	26	—
永川	永川区中山路社区	4.8	4.75	0.99	1 760	20	33.9	外向型	组团式	2	市级
开县	九龙社区	4	5.24	1.31	1 020	23	42	外向型	沿街式	—	—
大渡口	枫丹筱筑社区	2.4	1.30	0.54	470	11	—	外向型	沿街式	—	—

二、重庆市社区商业居民满意度基本情况

此次调研活动采取发放问卷的方式，从社区居民对重庆市社区商业满意度的角度考察社区商业发展水平，以期得到更具针对性的社区商业发展建议。

调查人员在 12 个区县共发放问卷 600 份，收回问卷 600份，其中有效问卷 567 份。从被访谈者年龄分布来看，20 岁及以下占 4%、21～30 岁占 32%、31～40 岁占 28%、41～50岁占 8%、51～60 岁占 20%、61 岁及以上占 8%（见图 1）。

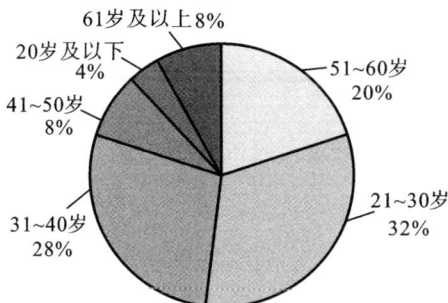

图1　受访对象年龄分布图

从被访谈者职业分布来看，单位管理人员占 24%、单位一般员工占 16%、自由职业者占 4%、教师占 4%、学生占 32%、离退休人员占 12%、其他人员占 8%（见图2）。

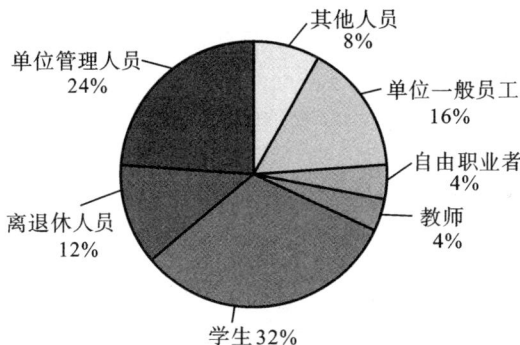

图2　受访对象职业分布图

本次调研从社区商业经济性、选择性、舒适性、健康性、安全性、便利性 6 个层面，全面考察了社区居民对重庆市社区商业发展的满意程度。从最终调研结果来看，呈现出总体满意度较高的特征。通过图3可以看出，经济性满意度达到 81%，选择性满意度达到 82%，舒适性满意度达到 83%，健康性满意度达到 75%，安全性满意度达到 86%，便利性满意度达到 80%。

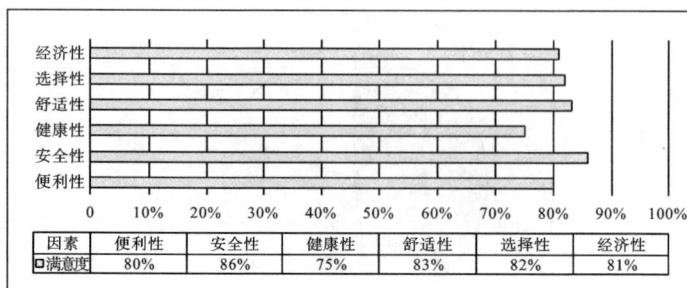

因素	便利性	安全性	健康性	舒适性	选择性	经济性
□满意度	80%	86%	75%	83%	82%	81%

图3　社区居民总体满意度

1. 社区商业便利性满意度

测量重庆市社区居民对社区商业便利性满意度，主要包括 10 个方面，分别是从家里到购物场所的方便程度、从家里到餐饮店铺的方便程度、从家里到美容美发店的方便程度、从家里到营业性健身场所的方便程度、从家里到菜市场的方便程度、从家里到家庭服务网点的方便程度、从家里到医疗保健机构的方便程度、上下班时经过商业设施的方便程度、社区商业网上交易和网上服务的方便程度以及对社区商业送货上门、送餐上门、修理上门的方便程度。

调研通过对所有区县最后调研结果取平均数，来反映社区居民对社区商业便利性满意度总体水平。其结果显示：对社区商业便利程度感到非常满意的居民仅占 9%，对社区商业便利程度感到比较满意的居民占 26%，对社区商业便利程度感到一般满意的居民占 45%，对社区商业便利程度感到比较不满意的居民占 13%，对社区商业便利程度感到不满意的居民占 7%（见图 4）。

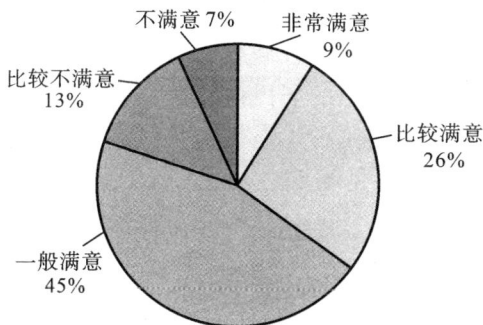

图4 社区居民对社区商业便利性满意度

实际上，社区商业便利性反映的是社区商业设施建设水平，问卷选项中的购物场所、餐饮店铺、美容美发店、菜市场以及网上交易等，均是社区商业产品及服务提供的主要方面。从调研结果可以看出，目前重庆市社区商业设施建设水平基本满足社区居民的需要，对社区商业便利程度感到一般满意和比较满意的居民占到71%。但是，对于西部地区唯一的直辖市与国家级中心城市而言，重庆市的社区商业的建设水平仍显得相对滞后，对社区商业便利程度感到非常满意的居民仅占9%。其主要制约因素包括商业网点建设过少、某些零售业态缺失、网上交易与网上服务等现代化流通方式供给过少等（详见各区县分报告）。

2. 产品安全性满意度

测量重庆市社区居民对社区商业产品安全性满意度，主要包括5个方面，分别是：社区商业餐饮食品卫生安全程度、社区商业购物场所内的商品质量安全程度、社区商业中美容美发店内使用产品安全程度、社区商业菜市场蔬菜与肉类食品质量安全程度、社区商业员工进出社区安全程度。

同样，调研通过对所有区县最后调研结果取平均数，来反映社区居民对社区商业产品安全性的满意程度。其结果显

示：对社区商业产品安全感到非常满意的居民仅占 2%，对
社区商业产品安全感到比较满意的居民占 42%，对社区商业
产品安全感到一般满意的居民占 42%，对社区商业产品安全
感到比较不满意的居民占 12%，对社区商业产品安全感到不
满意的居民占 2%（见图 5）。

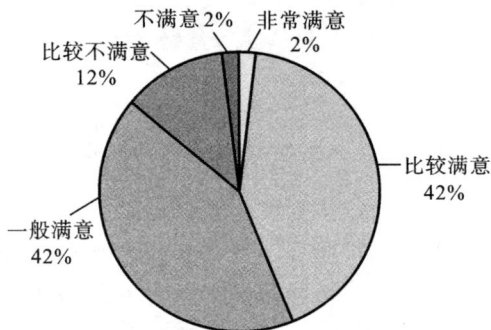

图 5　社区居民对社区商业产品安全性满意度

从总体上可以看出，重庆市社区居民对社区商业产品安
全普遍感到满意，对社区商业产品安全感到一般满意和比较
满意的居民占 84%，这表明重庆市委、市政府非常重视产品
质量安全问题，开展的监测与监管工作取得了一定的效果。
但仍需注意的是，对社区商业产品安全感到非常满意的居民
仅占 2%，对社区商业产品安全感到比较不满意和不满意的
居民仍占 14%，这说明社区商业产品安全仍然是影响社区居
民生活质量的不容忽视的重要因素。

3. 社区商业健康性满意度

测量重庆市社区居民对社区商业健康性满意度，主要包
括 3 个方面，分别是社区商业经营场所在公共卫生上的维护、
社区商业经营场所在经营时的噪音、社区商业经营场所周围
的气味。

调研结果显示，对社区商业健康程度感到非常满意的居

民仅占 4%，对社区商业健康程度感到比较满意的居民占 39%，对社区商业健康程度感到一般满意的居民占 32%，对社区商业健康程度感到比较不满意的居民占 22%，对社区商业健康程度感到不满意的居民占 3%（如图 6）。

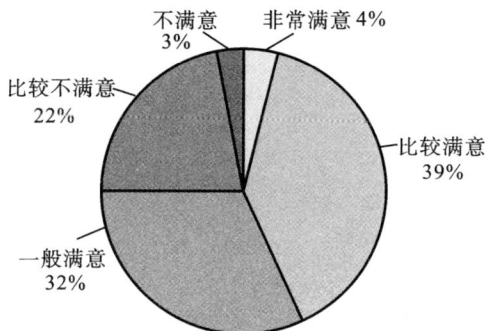

图 16　社区居民对社区商业健康性满意度

从总体上可以看出，重庆市社区居民对社区商业健康程度呈现出总体满意的特征（对社区商业产品安全感到一般满意和以上的居民占 75%），但不满意的居民比重仍然不低（对社区商业产品健康程度感到比较不满意和不满意的居民占 25%）。造成不满意的主要原因有三：一是大量餐饮企业带来的油烟气味；二是室外泊车噪音与房屋装修噪音；三是夜市摊位的油烟味及就餐人员的喧闹声。

4. 社区商业舒适性满意度

测量重庆市社区居民对社区商业舒适性满意度，主要包括 3 个方面，分别是：社区商业经营场所内部的经营环境、社区商业经营场所中经营人员的服务态度、社区商业附近便民设施的安置情况。

调研结果显示，对社区商业舒适程度感到非常满意的居民仅占 4%，对社区商业舒适程度感到比较满意的居民占 39%，对社区商业舒适程度感到一般满意的居民占 32%，对社区商业舒适程度感到比较不满意的居民占22%，对社区商业舒适程度感到不满意的居民占3%（见图7）。

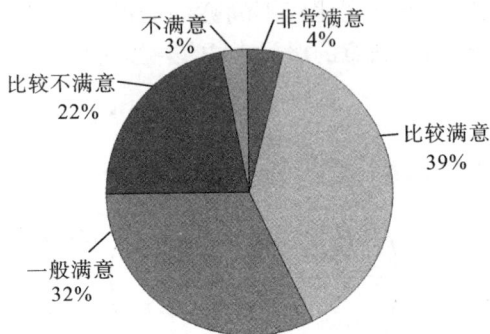

图7 社区居民对社区商业舒适性满意度

由调研结果可知，重庆市社区居民对社区商业舒适程度认可程度较高，对社区商业舒适程度感到一般满意及以上的居民占75%。这说明，近年来重庆市社区商业发展不仅注重网点数量的外延式扩张，同时也强调在经营场所环境、人员服务态度、便民设施安置等构成要素上的内涵式改进，并且取得了较大的进步。但不容忽视的是，对社区商业舒适程度感到比较不满意和不满意的居民仍占25%，因此在以后的建设中，社区商业应重点把握好经营场所环境、人员服务态度以及便民设施安置这三方面改进工作的方向与力度。

5. 社区商业选择性满意度

测量重庆市社区居民对社区商业舒适性满意度，主要包括3个方面，分别是：社区商业营业场所提供产品和服务满足总体日常生活需求的程度、同类营业场所的竞争程度、同类营业场所的差异程度。

社区商业选择性从两个方面测量居民选择范围：一方面是商品或服务种类可选择范围，衡量的是社区商业提供的商品或服务满足社区居民日常生活需求的程度；另一方面是商家的可选择范围，衡量的是社区居民可选择的竞争性商家数量。

调研结果显示，对社区商业选择性感到非常满意的居民仅占2%，对社区商业选择性感到比较满意的居民占39%，对社区商业选择性感到一般满意的居民占41%，对社区商业选择性感到比较不满意的居民占15%，对社区商业选择性感到不满意的居民占3%（见图8）。

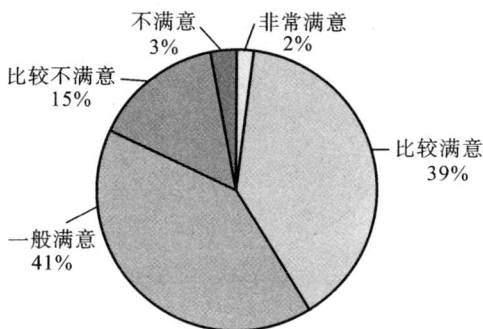

图8　社区居民对社区商业选择性满意度

从调研结果可以看出，重庆市社区居民对社区商业选择性满意度呈现出总体满意的特征，对社区商业满足日常需求及其可选择程度感到一般满意及以上的居民占82%。这反映出现阶段重庆市社区商业网点种类选择与业态设置在总体上是比较合理的。但对社区商业选择性感到比较不满意和不满意的居民仍占据18%的较大比重，说明重庆市仍需进一步优化社区商业网点选择与业态引入工作。

6. 社区商业经济性满意度

测量重庆市社区居民对社区商业舒适性满意度，主要包括3个方面，分别是：社区商业经营场所总体的经营档次、社区商业经营场所对社区总体形象的影响、社区商业经营场所对社区房地产价值的影响。

调研结果显示，对社区商业经济性感到非常满意的居民仅占2%，对社区商业经济性感到比较满意的居民占34%，对社区商业经济性感到一般满意的居民占45%，对社区商业经济性感到比较不满意的居民占16%，对社区商业经济性感到不满意的居民占3%（见图9）。

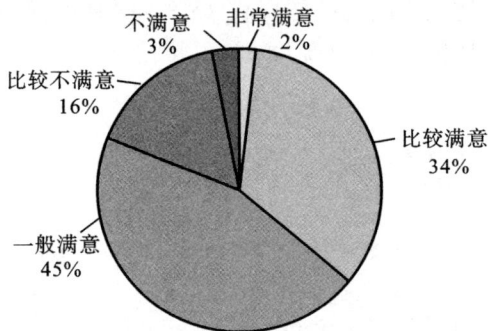

图9　社区居民对社区商业经济性满意度

近年来，越来越多的国内外商贸流通企业进入重庆市社区发展，通过直营、加盟、特许经营以及提供商品配送、管理和技术支持等方式，不断提升社区商业现代化水平。这提升了社区商业经营场所总体经营档次及社区总体形象，同时也提高了社区房地产的价值。这一现象得到了调查结果的支撑，大部分社区居民对社区商业经济性感到满意，对社区商业经济性感到一般满意及以上的居民占81%。

三、重庆市社区商业发展存在的问题

1. 在发展规划上，社区商业的布局、档次、配套设施还有待优化

重庆市并没有形成专门针对社区商业建设的规划体系，并且规范社区商业建设及对社区商业进行管理的法律法规存在缺失。因此，重庆市社区商业建设和管理长期处于粗放式

发展的状态。社区商业一直沿袭过去沿街布点、商住混杂的发展模式，致使环境污染、噪声扰民、食品安全、交通拥堵、社会治安等问题长期存在，严重影响着重庆市居民的生活质量。

2. 在发展结构上，社区商业业态业种发展不均衡

从社区商业区域发展结构上看，渝中区、南岸区、渝北区等主城区社区商业业态全、业种覆盖范围广，而涪陵区、江津区、永川区等非主城区社区商业业态少、业种覆盖范围窄。从社区商业业态业种内部结构上看，高度需求业态业种、中度需求业态业种和轻度需求业态业种的比重不合理。中小超市、餐馆、菜市场等传统商业占据极大比重，娱乐中心、美容美发店、老年活动中心、健身中心、运动场馆、书店、茶馆等休闲娱乐业态业种过少，无法充分满足居民休闲娱乐需求。尤为突出的是，由于缺乏科学的规划和引导，一些收益较高的业态业种被过度发展，给社区居民带来了恶劣的影响。例如，我们在调研时发现，渝北区龙湖社区自发形成了"汽修一条街"（新牌坊三路），商家（在居民楼底层营业）营业时间过长，产生的汽车噪音、工业污水、占用人行道等问题严重地影响了该地居民的正常生活。

3. 在发展环境上，社区商业与居民生活环境的冲突日益加剧

一是违规占道问题。很多商家（主要是餐馆）为招徕更多的顾客，在店面外的人行道上违规放置餐桌餐椅，挤占了过往居民的行走空间，甚至迫使不少居民不得不从马路上绕行。而且有不少的早餐摊贩和烧烤摊贩，并不具备营业资质，却依然在小区门口、车站附近、主要通道上违规摆摊。另外，由于停车配套设施的供给不足，人行道、主干道等公共资源常常被用作潮汐停车位，还有车辆肆意乱停乱放。这不仅严重影响居民通行，还给居民和通行车辆带来极大的安全隐患。

二是污染问题。含油污水、洗涤废弃水对水体的污染，厨房油烟、热气对空气的污染等对居民生活环境产生日益严重的负面影响。

三是喧闹问题。因为商住不分，娱乐场所、烧烤摊、汽修店等产生的噪音，对社区居民产生较大的困扰。

我们调研发现，由于上述原因，社区居民与商家之间甚至爆发过激烈冲突。

4. 在发展方向上，"智慧社区商业"建设仍然滞后

随着"互联网+"时代的到来，以O2O为主的新型消费形式不断兴起，对社区商业配套设施、服务功能、技术保障和管理水平提出更高的要求。特别是国家"互联网+"战略的实施，给社区商业发展带来新的机遇，"触网"发展已成为商业企业创新转型的新方向。但据我们的调查结果显示，物联网、云计算和大数据等先进技术还未融入或才开始融入社区商业，大多数商家仍然主要采用传统的经营模式，没有积极进行创新转型发展。这导致社区商业在智能化服务功能体系构建、社区商业服务体验拓展、社区商业线上线下融合发展等方面仍然非常滞后，阻碍了重庆市社区商业发展的现代化进程。

四、对策与建议

1. 加强社区商业的规划设计

一是进行社区商业功能定位。重庆市应综合各区县社区居民人口结构、历史传统、社区商业的发展前景、区域的空间结构与城市规划等因素，明确各区县社区商业在重庆市商贸流通发展格局中的地位。在此基础上，再进行社区商业功能定位、特色定位与业态定位。

二是确立社区商业开发原则。重庆市应按照便利性、和谐性、开放性、景观再造的原则，确定社区商业总体规划、

业态规划、建筑布局的具体标准，合理规划社区商业业态构成、业态选址与功能配套。

2. 引导形成合理的社区商业业态业种发展结构

社区商业业态业种发展结构包括区域发展结构与内部发展结构两个层次。因此，实现社区商业业态业种均衡发展，一是要实现主城区社区商业与各区县社区商业业态业种的均衡发展。一般来讲，相对各区县，主城区社区消费群体较大、消费能力较强、消费习惯超前，因此在市场机制的调节下，商业资本会主动向主城区倾斜，周边区县社区商业因不能获得足够的发展资金而难以得到充分的发展。重庆市应继续大力通过财政补贴的方式引导、支持社区商业特别是区县社区商业的发展，要按照《关于促进社区便民商业设施持续发展的通知》（渝商委办发〔2014〕18 号）等有关文件的规定，建立完善资金使用安全管理制度，严控项目资金拨付的对象、程序、标准和手续，建立完善的定期检查、工作报告、信息公示、部门协作、档案管理、责任追究等 6 项社区商业管理制度。二是要实现社区商业内部业态业种的均衡发展。首先要在科学定位的基础上，确定合理的社区商业大业态业种结构，即产业链构成比例，包括办公、酒店、商业以及其他物业形态的比重。其次要确定合理的社区商业小业态业种结构，即商品产业链构成比例，包括购物、餐饮、娱乐等业态的比重。最后，在业态业种结构确定的基础上，做好社区商业整体经营活动的动态匹配，包括品牌店铺与一般店铺的平衡、强承租户与弱承租户的平衡、大型租户与小型散户的平衡、长期租户与短期租户的平衡等。

3. 打造共存、共生、共赢的社区商业生态发展环境

社区商业的发展必须做到经济效益、社会效益、环境效益的有机统一，才能实现可持续发展。这要求打造共存、共生、共赢的社区商业生态发展环境。其形成的先决条件包括

两个方面：一方面，社区商业企业之间在营业项目、业态形式、运营方式、盈利模式等方面必须是高度契合的；另一方面，社区商业与社区自然环境、人文环境、社会环境必须是高度契合的。① 两者的实现均建立在科学的社区商业规划设计与严格的社区商业管理的基础之上。针对后者，政府应针对造成水体污染、噪声污染、空气污染等外部不经济影响的社区商业，积极运用税收、财政政策等手段对其进行管制；对积极治理外部不经济或转产的企业给予适当的补贴；同时，避免企业贿赂、地方保护主义等行为的滋生；对城市下岗失业人员或外来务工人员经营的小企业，提供资金、技术和场地优惠，并加强约束；积极倡导贯彻质量标准、环境标准以及职业安全卫生管理标准，对于不达标准的、经济和社会效益都很差的企业要坚决取缔；积极改善交通难题，尽量不要在通道两侧或人行道上设置临时停车场，可将停车场设置于建筑物顶层或地下，或是建立立体停车场。

4. 积极推进"智慧社区商业"建设

重庆市应积极利用物联网、云计算和大数据等先进技术，依托重庆市智慧商圈建设，建设重庆市"智慧社区商业"服务体系，增强社区商业智能化服务功能，提升社区商业服务体验，促进社区商业线上线下融合发展。具体来说，一是要整合社区商家产品和服务，发展社区商业O2O电子商务，无缝对接各类主流电商平台、手机应用软件等网络营销工具，实现网上逛街、网上逛商场、网上消费体验，引导社区商业线上线下融合体验消费。二是要整合社区商业物流资源，培育多种经营形式的物流配送主体，发展多种"互联网+物流"配送模式，构建社区商业物流配送网络，提供高效、优质的

---

① 王瑞丰. 我国城市社区商业有效供给研究［J］. 经济与管理，2015（5）：42-48.

物流配送服务。三是要通过对接公共服务设施、生活服务查询缴费、公共交通等系统，实现城市公共资源的全民共享。四是通过与中小商户和金融机构的深度合作，收集商家销售情况、资金流、物流等信息，建立商家征信系统，解决社区商业中小商家融资难的问题。

重庆市渝中区中山二路
社区商业调研报告

范钰文　　王　桃[*]

调研时间：2015 年 3 月 9 日至 2015 年 3 月 14 日
调研地点：重庆市渝中区中山二路社区
调研方法：实地观察法、问卷调查法

一、渝中区社区商业发展基本情况

1. 渝中区基本情况

渝中区为重庆市的中心城区之一，处于长江和嘉陵江交汇处，两江环抱、形似半岛，为重庆市经济、文化以及商贸流通中心。截至 2013 年年底，渝中区常住人口为 65.02 万人，城镇化比率为 100%，地区生产总值达 8 042 049 万元，人均生产总值达 123 771 元。截至 2015 年 1 月 8 日，渝中区水陆域面积为 23.71 平方千米，其中陆地面积 18.54 平方千米，辖 11 个街道办事处、76 个社区居委会。渝中区是一个经济以第三产业为主的地区，基本没有农业和工业。金融业为渝中区第一支柱产业。2010 年，渝中区商贸销售总额达到 1 416.5 亿元，同比增长 31.4%，实现社会消费品零售总额

* 重庆工商大学贸易经济专业 2013 年级范钰文、王桃。

344.8 亿元，同比增长 20.2%。2011 年，渝中区商品销售总额达到 1 672.1 亿元，同比增长 21.1%，实现社会消费品零售总额 414.3 亿元，同比增长 20.21%。2012 年，渝中区限额以上批发零售企业实现销售额 850.1 亿元，同比下降 0.5%；限额以上批发零售住宿餐饮企业零售额达 304.6 亿元，增长 16.8%。

2. 社区商业发展基本情况

渝中区的社区商业发展已具有一定规模，社区数量和与之匹配的商业设施相对均衡。2015 年，渝中区共有社区 80 个，社区商业网点约 12 820 个，社区商业网点总面积为 50.84 万平方米。2014 年，渝中区商业必备型业态种类达到 10 种，但仍有部分社区缺少必备型业态。其中，21 个社区缺少肉菜店，65 个社区缺少家政企业，63 个社区缺少代收代缴点，其余社区商业必备型业态均全部具备。从网点数量与经营面积看，只有餐饮、综合超市、便利店业态相对集中，说明业态散乱现象比较突出。截至 2014 年年末，渝中区建立国家级商业示范社区 10 个，市级商业示范社区 16 个，新建社区便民商圈 6 342 个，市级社区商业示范社区 5 163 个，市级社区商业龙头示范企业 1 631 个。

二、中山二路社区城市便民商圈现状

中山二路社区地处渝中区中山二路主干道，坐落在枇杷山公园对面的中山二路渝开发小区内。社区自然环境优美怡人，邻里关系温馨和睦，人文气息浓郁，配套设施齐全，是一个文明和谐、管理有序的美丽社区。

1. 商圈边界

中山二路社区辐射边界从儿童医院二号楼沿中山二路至名仕城，儿童医院后门至枣子岚垭正街一巷。中山二路社区便民商圈服务人口 1.3 万人。

2. 商圈环境

（1）人文环境。中山二路社区内建有社区文化墙，主要配以宣传精神文明的图片和文字。社区文化墙既弘扬了社区文化，提高了居民的文化修养，又美化了群众生活环境，营造了文明、健康和积极向上的舆论氛围。这对居民素质提升起到了良好的引导作用。社区内还建有社区计生文化墙，综合了社区文化、社区卫生、社区教育等多种信息，突出"以人为本""以育龄群众为中心"的计生文化。其目的是用既浓厚又清新活泼的社区计生文化感染人、引导人、教育人，打造有城市特色的社区计生文化小区。

（2）交通环境。中山二路社区地处渝中区中山二路主干道，坐落在枇杷山公园对面的中山二路渝开发小区内。社区附近的儿童医院及中山医院旁设有公交车站。整个社区结构较为紧凑，社区内没有公共交通。社区交通整体情况较差。

（3）绿化环境。中山二路社区里的居民楼前种植了树木，植被夹杂在楼栋中间。沿中山二路两侧均有高大粗壮的树木。社区内植物长势良好，枝繁叶茂，可供居民遮阴、乘凉。社区整体绿化水平较高。

（4）小区环境。中山二路社区有住宅楼 70 栋、物业小区 3 个、居民 4 250 户、常住人口 13 000 人。中山二路社区的居民以老年人为主，同时由于社区毗邻多家医院，有部分病人家属选择短期租住于此。

3. 商业定位

中山二路社区商业定位为集金融、购物、餐饮、娱乐等多功能于一体的，能够满足城市居民基本生活需要的小型商圈。但社区目前发展水平还不高，没有被评为市级商业示范社区。

4. 商业属性和形态

中山二路社区城市便民商圈的商业属性为内向型。社区内商业网点多数时间都为本地居民服务，并且商业形态为沿街式。社区内商业网点多数都是开在居民楼下，沿着中山二路和枣子岚垭正街两边都设有商业网点。

5. 服务人群特点

由于社区内居民以老年人居多，中山二路沿街开设了多家助听器的专卖店，居民楼内也开设了若干家按摩、推拿、针灸及小诊所等主要服务于老年人的商家。社区内有重庆市儿童医院，儿童医院旁边并设了多家餐厅、玩具店，为前来看病的患者及家属服务。

6. 商业面积和业态业种

社区商圈商业总面积达到 2 868 平方米，人均商业面积 0.221 平方米。必备型业态商业面积占 25% 左右。商圈集中商业面积 1 655 平方米。中山二路社区商圈内包含的业态有便利店、超市、食杂店、专卖店等，包含的业种有食品店、饮料店、烟草店、服装店、日用品店等。

（1）业态业种情况分析。社区内业态种类比较丰富，共有 31 种。其中，必备型业态业种包括社区综合超市、便利店、餐饮店等 7 大类，网点数目 28 个；选择型业态业种包括再生资源回收机构、茶馆等 24 大类，网点数目 75 个。

社区共有综合超市 3 个，经营面积 150 平方米，按服务半径 600 米配置，大都分布在社区内商业比较集中的地方。社区有 3 个便利店，经营面积 40 平方米，按服务半径 200 米配置，分布相对比较分散，多在社区楼下，以方便居民日常购物。社区有 5 个餐饮店，按服务半径 100 米配置。另外，洗衣、家电维修、再生资源回收、便民服务项目等业态按每种 3~10 个网点、服务半径 300 米配置。社区目前还没有标准化的菜市场，只有小型的蔬果门店分布在社区周围（见表 1）。

表1　　中山二路社区城市便民商圈业态业种情况表

序号	业态	网点数目(个)	经营面积(平方米)	面积占比(%)
1	综合超市类	3	150	5.2
2	餐饮类	5	225	7.9
3	美容美发类	5	80	2.8
4	药店类	2	70	2.5
5	洗衣类	1	15	0.5
6	维修类	4	50	1.7
7	便利店类	3	40	1.4
8	回收类	1	20	0.7
9	休闲类	2	46	1.6
10	五金类	2	40	1.4
11	医疗器械类	10	680	23.7
12	服装类	13	390	13.6
13	其他	75	1 062	37.0
—	合计	126	2 868	100

数据来源：表中数据来自调研组实地走访了解。

（2）主要业态业种店铺分析。社区内店铺大多属于小型商铺，主要分布在社区楼下，方便了社区居民的日常消费。相对大型的店铺则分布在街区人口相对比较密集的地方。其中，最具代表性的店铺是助听器专卖店，数量多达10家，且分布比较集中（见表2）。

表2　中山二路社区城市便民商圈主要业态业种店铺一览表

序号	店铺名称	营业面积(平方米)	就业人数(人)	日营业额(元)	业态业种类型
1	七色花超市	70	4	5 000	综合超市类

表2(续)

序号	店铺名称	营业面积（平方米）	就业人数（人）	日营业额（元）	业态业种类型
2	米小宝快餐店	150	12	10 000	餐饮类
3	媛缘美发	50	4	3 000	美容美发类
4	儿童医院药房	50	3	6 000	药店类
5	丽声助听器	50	3	3 000	医疗器械类
6	舞之恋	2	2	2 000	服装类

数据来源：表中数据来自调研组实地走访了解。

三、中山二路社区城市便民商圈满意度及主要问题

1. 中山二路社区城市便民商圈满意度分析

本次调查我们一共发放了30份问卷，收回了26份，其中有效问卷为25份。在调查过程中，由于社区领导和社区居民的支持，此次调查进行得比较顺利。我们用25份有效调查问卷进行统计。统计结果如表3所示。

表3　　　社区居民满意度调查表　　　单位:%

调查项目	不满意	比较不满意	满意	比较满意	非常满意
商业便利性	21.8	40.5	25.6	12.1	0
商业产品安全性	20.8	41.3	23.6	14.3	0
商业健康性	11.3	14.6	45.3	23.3	5.5
商业舒适性	18.4	46.2	22.6	12.8	0
商业选择性	15.2	56.7	18.5	9.6	0
商业经济性	19.5	57.3	17.4	5.8	0

数据来源：表中数据来自调研组实地调查问卷结果。

2. 中山二路社区城市便民商圈主要问题分析

（1）商业便利性方面。由表3可知，对商业便利性不满意和比较不满意的居民占62.3%，比较满意的居民占12.1%，非常满意的居民占比为0，可见中山二路社区居民对社区商业便利性的满意度并不高。这跟社区商业网点规划不合理和商业网点数量少有很大关系。据调查，很多居民表示该社区缺少大型的标准化菜市场和大型的综合超市。只有小型的便利店和蔬果店，而且商品种类不齐全，新鲜度也不佳，这导致居民经常要到比较远的地方去购买新鲜的蔬菜、水果等。另外，餐饮类店铺网点数量不多，也是居民对商业便利性满意度不高的原因之一（见图1）。

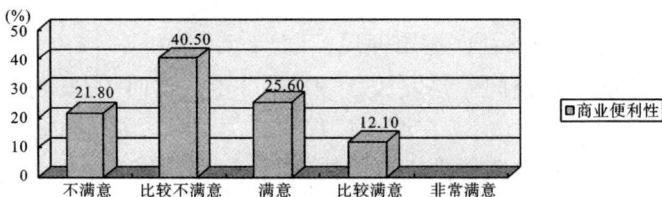

图1　社区商业便利性满意度

（2）商业产品安全性方面。调查结果显示，对商业产品安全性不满意和比较不满意的居民占62.1%，满意的居民占23.6%，比较满意的居民占14.3%。从这里可以看出，居民对社区商业产品的安全性不是很认可。因此，社区商业要想有所发展，让居民能放心大胆地购买和使用商品，就需要在产品安全性上做一些改进。比如超市要保证商品的多样化，多引进居民熟知且价格实惠的商品，给顾客更多的选择空间，提升顾客对商品的满意度；对于果蔬类商品，更需要注重商品的安全卫生性（见图2）。

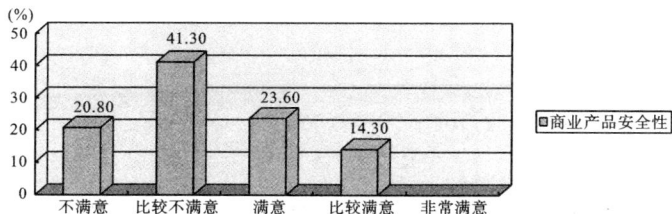

图2　社区商业产品安全性满意度

（3）商业健康性方面。调查结果显示，对商业健康性满意、比较满意以及非常满意的居民占74.1%。从这里可以看出，社区商业周围的环境总体上还是令人满意的。比如经营场所的噪音、经营场所周围的气味，没有严重影响到人们日常的生活。但仍然还有25.9%的居民对社区商业的健康性不满意或比较不满意，可见社区还是需要进一步改善社区周围的环境问题（见图3）。

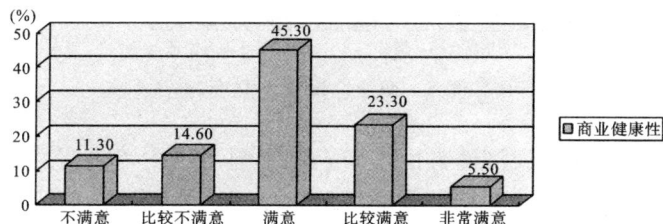

图3　社区商业健康性满意度

（4）商业舒适度和商业选择性方面。调查结果显示，居民对社区商业的舒适度以及选择性方面满意度并不高。这表明社区还需要加强对商业经营场所内部的经营环境的改善。大多居民表示商品的种类太少且店铺档次普遍不高，不能满足人们对商品的需求，特别是在日用品和餐饮方面。因此，社区商业要注重提高销售人员的服务水平、改善商业经营场所内部的环境等。另外，社区商业需要更加多元化、规模化，这样才能满足社区居民对商品的多样化需求，提高居民的生活质量（见图4和图5）。

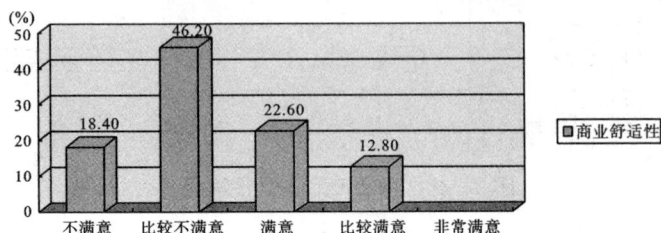

图4 商业舒适性满意度

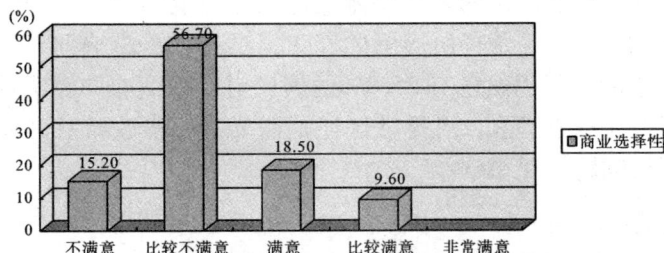

图5 商业选择性满意度

（5）商业经济性方面。调查结果显示，对商业经济性不满意和比较不满意的居民占76.8%，满意的居民占17.4%，比较满意的居民只占5.8%，非常满意的居民占0%。其中特别应当注意的是对社区商业总体经营档次表示不满意和比较不满意的民居占92%。由此可以看出，中山二路社区居民总体上对社区商业的满意度并不高。这与商业网点规划、质量保障、环境卫生等多方面有待改进有关。因此，中山二路社区商业需要加强对这些方面的改进，提升社区商业形象，了解居民需求，并尽力满足居民各个方面的需求，给居民的生活带来更多便利（见图6）。

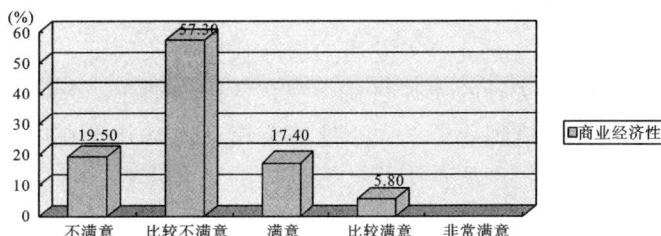

图6　商业经济性满意度

四、中山二路城市便民商圈发展建议

1. 社区方面

一是提升社区内健身场所的整体质量。社区内老年人偏多，但健身场所较少。社区仅有几台健身器材摆在社区的空地上，并没有专门健身的地方。社区可以将社区内的人行道加以建设，同时将社区内空地加以美化，使其更适合老年人行走及健身。二是加强社区内安保工作。社区的居民楼只有在楼栋的入口处设有铁门，我们在调研时发现有些铁门并未投入使用。应加强居民楼的安保工作，切实保护社区居民的人身安全。三是做好社区宣传工作，提升社区总体形象。这样可以使社区内的房产升值，以吸引更多的住户，进而使更多的商户愿意入驻，让社区商业发展得更加繁荣。四是加快社区商业设施建设。针对目前菜市场缺失和餐馆数量过少的情况，社区应着力配套建设菜市场和餐馆。

2. 商家方面

商家的主要作用是提升社区商业服务质量。一是餐馆。餐馆应注意卫生、食品种类、店铺装修、工作人员服务态度等方面。餐馆工作人员应做好餐厅的除味工作，尽量不使其经营场所的气味过于浓烈，以免困扰周围的行人或住户。餐馆应根据社区内居民的特点，修改食谱，迎合社区居民的口味，增加营业额。二是美容美发店。走访调研的结果显示，中山二路社区内的美容美发店的服务质量普遍偏低。提升其质量是吸引消费者的途径之一。三是休闲类业态。社区内的茶馆往往兼营棋牌业务，由于这些茶馆又通常开设在居民楼底或楼内，喧闹声严重干扰社区居民的正常作息。社区应从营业时间、服务范围、营业地点等方面，强化茶馆等商业设施营业规范。

3. 政府方面

一是配套建设交通基础设施。中山二路社区附近有两个公交车站、一个轻轨站，社区内交通网络并不发达，居民表示出行并不方便，因此社区内交通还需加强建设。二是强化社区生态建设。加强社区内绿化建设，使社区商业、人文、环境和谐发展。三是加强便民设施建设。例如，增加垃圾桶、健身器材等公共便民设施的有效供给。

参考文献

［1］重庆市渝中区统计信息网.渝中区 2010 年 1~12 月经济运行简况［EB/OL］.（2011-03-18）［2017-08-08］. http://www.stats-cqyz.gov.cn/html/tjsj/ybsj/11/03/180.html.

［2］重庆市渝中区统计信息网.渝中区 2011 年 1~12 月经济运行简况［EB/OL］.（2012-02-23）［2017-08-08］. http://www.stats-cqyz.gov.cn/html/tjsj/ybsj/12/02/171.html.

［3］重庆市渝中区统计信息网.渝中区 2012 年 1~12 月经济运行简况［EB/OL］.（2013-02-26）［2017-08-08］. http://www.stats-cqyz.gov.cn/html/tjsj/ybsj/13/02/134.html.

重庆市大渡口区翠华社区
商业调研报告

彭清清　李萧玟　陈　爽[*]

调研时间：2015 年 4 月 10 日至 2015 年 5 月 15 日
调研地点：重庆市大渡口区翠华社区
调研方法：实地观察法、问卷调查法

一、大渡口区社区商业发展基本情况

1. 大渡口商贸流通基本情况

大渡口区是重庆市主城区之一，是重庆市主城都市发达经济圈的重要组成部分，位于主城区的西南部，滨临长江，地势平坦，面积 103 平方千米，人口 24 万人，辖五街三镇。大渡口区在重庆钢铁集团搬迁之后，迎来了全新的发展机会。由于其房地产开发起步不久，因此具有较大的发展空间，有望成为重庆市房地产开发增长最快的区域之一。随着轻轨的铺设，国瑞城、香港城、顺祥壹街区、天泽广场、沃尔玛、新世纪等一大批商业旗舰企业和房地产开发商进入本区域，使得商业氛围不断得到提升。2005 年，重庆百货入驻钢花路，新世纪超市、国美、苏宁、永辉超市、中百超市、中影

---

* 重庆工商大学会展经济与管理专业 2013 级彭清清、李萧玟、陈爽。

南方院线、中国移动、中国联通、新华书店、精益眼镜、建设银行、工商银行、华夏银行、交通银行等众多商家也先后入驻大渡口区。据统计,大渡口区现有市级社区便民商圈5个。其中,500平方米以上的社区综合超市19个,面积约8万平方米,服务人口超过10万人。另外,大渡口区有标准化菜市场8个,社区菜、肉、粮店31个。

2. 大渡口区社区商业发展现状

本次重点调查的春晖路街道位于大渡口区北部,长江北岸,距大渡口区政府0.5千米。该街道面积22平方千米,人口5万人。春晖路街道辖翠华、柏华、新华、阳光、松青路、锦凤6个社区。商业类型主要为社区商业,包括各类连锁店、菜市场、中介服务、药房、发廊、宠物店等,另外还有部分特色餐饮、休闲茶楼、保健按摩、家政服务等。

3. 枫丹筱筑、阳光花园小区基本情况

本次调查主要对大渡口区翠华社区的枫丹筱筑和阳光花园两个小区的社区商业发展情况进行了调查。

枫丹筱筑距大渡口区政府广场西50米,占地面积3 009平方米,户数427户。小区有幼儿园、便民生活超市、苏宁售后维修部。小区与多个成熟社区相邻,靠近轻轨大渡口站,银行等配套齐全,居家生活极为便利。小区的商铺租金一般为每月25~35元/平方米,低廉的价格吸引了众多小商户入驻。

阳光花园为重庆市示范安静居住小区。小区内绿化面积达60%,环境清幽,无商业网点分布。小区内设有多个小型花园,为居民休闲娱乐提供了舒适的场所。小区坐落在春晖路和文体路的交叉口,毗邻万家福超市。小区周边业种分布完善,包括餐饮、休闲娱乐、卫生医疗、配套服务等,提供了多元化的消费环境,能够满足居民日常购物需求及服务需求。

　　枫丹筱筑小区周围的社区商业业态已形成一定的规模，但普遍存在档次不高、规模不大的情况。其中，15家食杂店、5家便利店、2家超市占总业态种类数量的35.38%。零售业共6家，其中食品超市占50%。由此看来，消费多集中在饮食等基础消费方面，但没有形成很好的消费环境。小区目前的消费环境仍然停留在大众基础消费阶段，而第三产业的经济消费辐射能力不足。由于其他高档业态尚未开发，因此存在很大的发展空间。

　　翠华社区商业业态基本情况如表1所示。

表1　　　　　　翠华社区商业业态基本情况表

序号	业态	网点数量（个）	经营面积（平方米）
1	零售业	6	300
2	专卖店	2	200
3	食杂店	15	4 040
4	便利店	5	400
5	连锁店	9	720
6	综合超市类	2	2 000
7	专业店	8	960
—	合计	47	8 620

数据来源：经实地调研得出。

　　枫丹筱筑社区商业区中的小吃业种占比很高，但这种小型餐饮业产生的经济价值不大，辐射能力有限。娱乐休闲类商业种类数量较多，共有15家，但种类较少，主要以小型茶楼（麻将厅）为主。小茶楼一共有6家，占娱乐休闲类总量的40%，并且消费档次过低。商业种类过于集中，同行商业内部竞争力过大，已经形成了"僧多粥少"的现象，进一步减弱了社区商业的辐射能力。服务业业种、商业种类和数量都无法满足社区正常的市场需求。这些原因导致枫丹筱筑的社区商业市场存在缺陷，产生了人口和消费大量外流问题。

翠华社区商业业种基本情况如表2所示。

表2　　　　　翠华社区商业业种基本情况表

序号	业种类型	数量(个)	营业面积(平方米)	就业人数(人)	营业额(元/年)	典型店铺名称
1	餐饮类	13	1 540	67	13 630 490	廖记棒棒鸡、枫丹老面馆
2	酒店餐饮	2	950	35	7 500 000	醉好酒私房火锅、三棵树茶屋
3	教育/培训	3	750	18	1 800 000	大渡口区图书馆、大江驾校
4	汽修/汽配	2	300	6	720 000	春晖汽车服务中心
5	医疗/保险	2	1 500	30	1 200 000	明星大药房、利来国际筋骨养护中心大渡口总店
6	旅行社	2	140	10	2 400 000	新世纪国旅、海外旅业集团
7	五金机电/机械配件	1	50	3	180 000	齐聚建材
8	宾馆	5	11 250	90	18 000 000	重庆枫丹假日酒店
9	健身房	—	—	—	—	
10	桑拿洗浴	4	2 000	40	8 000 000	丸美SPA生活馆
11	美容美发	3	300	15	90 000	完美造型
12	茶馆、咖啡厅	6	1 200	24	1 800 000	一品阁茶楼、杉木茶楼
13	网吧	1	350	12	3 600 000	晓月山枫网吧、胜达网吧
14	电子数码	3	210	6	2 160 000	步步高教育电子
15	超市	3	3 000	50	21 600 000	家乐福超市、永辉超市
—	合计	50	23 540	406	82 680 490	

数据来源：经实地调研得出。

枫丹筱筑社区商业中，消费主要依靠永辉超市、家乐福超市支撑，品牌商业较少，缺乏品牌效应。具有一定品牌效应的商业主要以连锁店、专业店、配套服务和零售店为主。其中以 2 家小吃店、3 家餐饮店、3 家超市以及 3 所娱乐休闲类商业为主要组成部分，占总体的 73.33%。

翠华社区重点品牌业态、业种如表 3 所示。

表 3　　　　　　　　　重点品牌业态、业种

业态	业种	名称
连锁店	小吃店	华生园蛋糕店
		廖记棒棒鸡
专业店	餐饮	三棵树茶屋
		枫丹老面馆
		醉好酒私房火锅
	娱乐休闲	一品阁茶楼
		杉木茶楼
		丸美 SPA 生活馆
配套服务	医疗/保健	明星大药房
		利来国际筋骨养护中心大渡口总店
	教育/培训	大渡口区图书馆
		大江驾校
	汽修/汽配	春晖汽车服务中心
零售店	超市	家乐福超市
		永辉超市

数据来源：经实地调研得出。

二、大渡口区社区商业满意度分析

调研小组于 2015 年 4 月 10 日、4 月 11 日、4 月 17 日分

别在大渡口区春晖路、文体路和松青路、钢花路进行实地调研，并对以阳光花园和枫丹筱筑为主要代表的社区商业发展状况及其周边商业发展情况进行实地考察。我们通过在轻轨站、社区、商店、超市等居民聚集地分发关于社区商业满意度的调查问卷进行调研。我们共发放问卷80份，收回有效问卷66份。调查对象多为20~40岁的中青年，职业以学生和白领为主，性别以女性居多，人均月收入分布在3 000~6 000元，购买偏好倾向于家居消费和娱乐。

1. 社区商业便利性满意度

社区周边餐饮类、休闲娱乐类、配套服务类业态分布齐全，业种分布广泛且同类服务的选择面广。有25%的被调查者表示对社区内部及其周边商业所提供的便利性表示满意，33%的居民表示比较满意，16%的居民表示不满意。由于社区内外普遍都有便利店、电器维修店，社区外的街道两旁开设了多家生活服务店，这些业态能够满足居民的日常生活需求。因此，大渡口区居民对于日常生活中的购物、用餐、美容美发、就医等日常活动的便利性满意度普遍较高（见图1）。

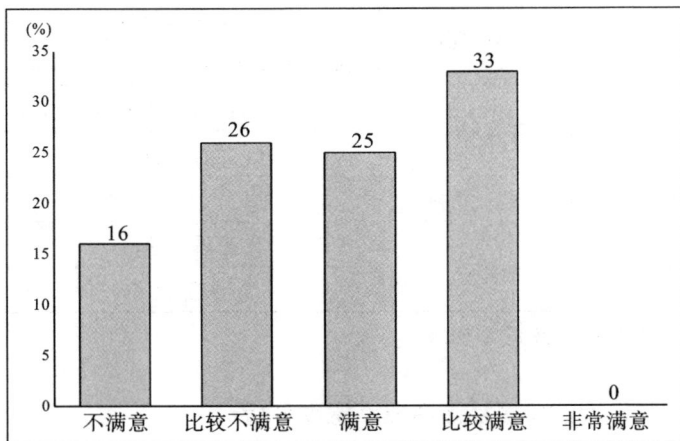

图1 社区商业便利性满意度

2. 社区商业产品安全性满意度

大渡口区街道两旁分布着多家餐饮店、美容美发店、综合超市、药店和家政服务等商家，为居民的生活提供了多重选择与便利。我们在调查过程中发现，有90%的居民对安全性表示满意、比较满意和非常满意，有10%的居民表示不满意和比较不满意。这是因为一些社区商业属于传统商业，在商品质量、服务质量、从业人员的职业道德和业务素质等方面已经不能满足当前的消费需求。有些社区商业与居民居住区相混杂，饭店的油烟超标，社区对进出人员管理不严等问题严重影响了居民生活，造成大量的治安和环境隐患，严重破坏了社区环境（见图2）。

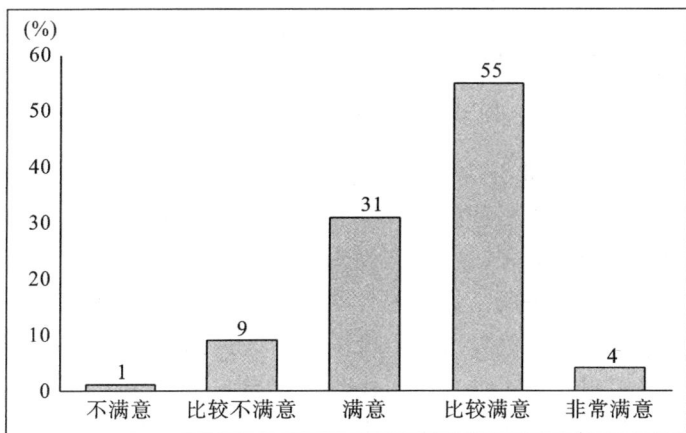

图2　社区商业产品安全性满意度

3. 社区商业健康性满意度

调查显示，大渡口区居民对于社区商业的健康性满意度较低。有70%的居民表示满意和比较满意，仅有2%的居民表示非常满意，有28%的居民表示比较不满意和不满意。在社区商业中，餐饮消费需求和娱乐需求占较大比例，因此餐饮业和娱乐休闲业纷纷抢驻社区商业中心。餐馆的大量入驻所产生的垃圾污染和娱乐场所产生的噪声污染，引起了周围居民生活的不便，导致了居民对健康性满意度的降低（见图3）。

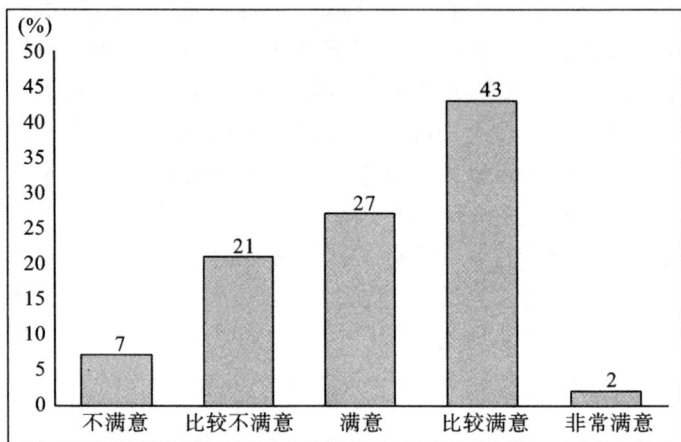

图3　社区商业健康性满意度

4. 社区商业舒适性满意度

阳光花园和枫丹筱筑都具有较高的绿化率，社区内的商业网点较少，多分布在社区周围，噪声污染较小。社区内设有广场和健身场所，物业着力对社区环境进行美化，安置了绿化带、喷泉、健身器材等设施。社区内商业服务网点的经营环境贴近居民生活，为居民提供了良好的休闲环境，促进了居民的购物欲望。在调查中，有83%以上的居民对社区商业舒适度表示满意和比较满意，仅有17%的居民表示比较不满意和不满意（见图4）。

5. 社区商业选择性满意度

社区商业大多是以销售为主的，因为社区人群消费力虽然有限但较为稳定。社区内开设的能够满足社区居民基本需求的便利店、生鲜超市、美容美发店、餐饮店和一些专卖专业店等，都得到了较好的发展。社区居民消费需求档次改变，

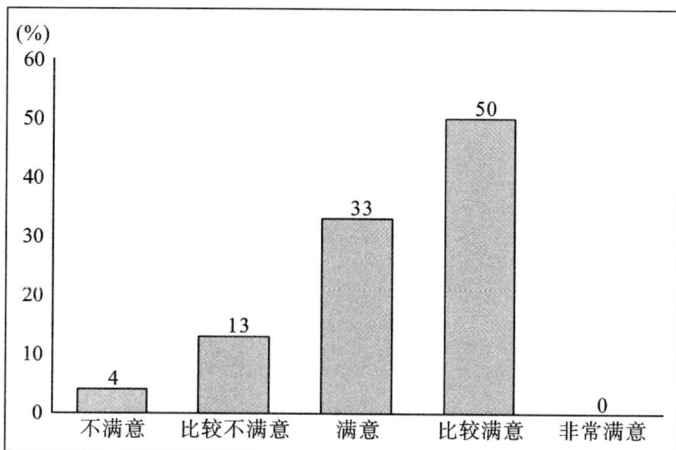

图4　社区商业舒适性满意度

对精神文化消费需求也与日俱增。社区商业在满足了居民传统的消费习惯后，也开始提供精神文化方面的服务，如旅行社、书店、文体店、音响店等，满足了居民的多元化需求。调查中，87%的居民对商业的选择性表示满意和比较满意，只有13%的居民表示比较不满意和不满意，社区商业选择性的满意度较高（见图5）。

6. 社区商业经济性满意度

社区商业在房地产项目中占据了重要的地位。大渡口区的房地产开发商在项目建设初期，结合周边氛围和消费人群的特点，对小区的商业发展进行整体规划，推动了后期社区商业发展的多元化，并为之提供了较为宽松的发展空间。好的社区商业为业主的生活带来便利的同时，还能为开发商带来更可观的利润。阳光花园和枫丹筱筑的居民的收入普遍为中等偏上，因此对于投资的要求较高。合理的社区商业规划使得被调查者中有78%的居民表示对社区商业的经济性表示满意（见图6）。

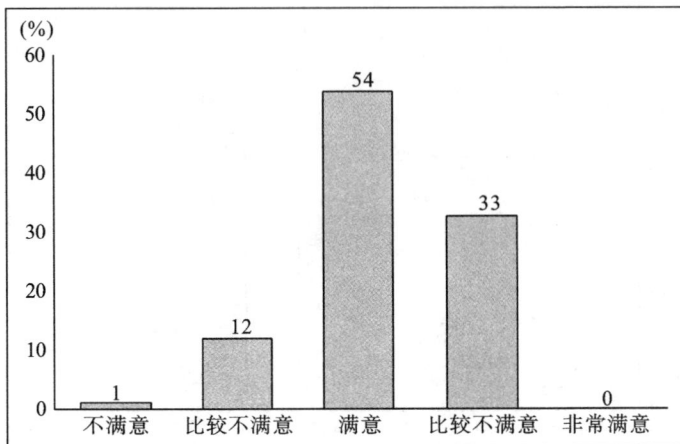

图5 社区商业选择性满意度

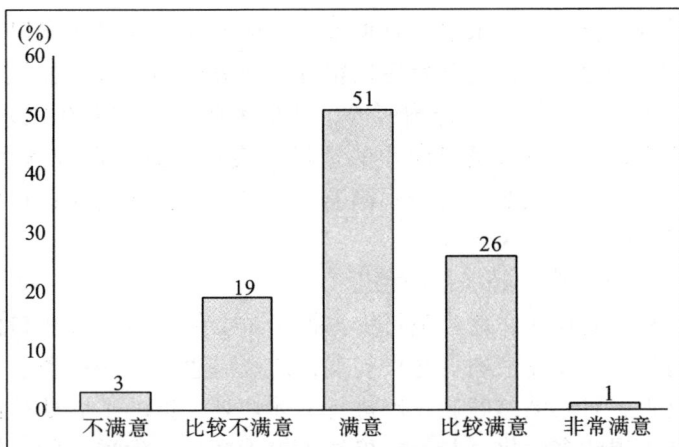

图6 社区商业经济性满意度

三、主要问题

1. 公共交通尚未完善，人车混行矛盾突出

该社区公共交通方面不够完善。由于轻轨发车时间较晚，

交通便捷度不高，并且公共汽车站台设置不够合理，影响了居民的出行。大渡口区春晖路口与翠园路口的交叉处无安全的人行过街通道，行人只能从轻轨桥墩之间的空隙横穿公路。该路段行车速度快，轨道桥墩对驾驶员视线造成一定遮挡，导致人车争道的现象频繁出现，人车混行矛盾十分突出，存在严重的交通安全隐患。另外，天桥、地下通道等公共基础设施的缺失，使该路段通达性较差。

2. 商品质量有待提高，食品安全缺乏保障

大渡口区街道两旁分布着多家餐饮店、美容美发店、综合超市、药店、家政服务等商家，为居民的生活提供了多重选择与便利。但是调查发现，餐饮店、美容美发店、菜市场的经营者给居民带来了一定的安全困扰。调查发现，餐馆餐饮卫生不过关、社区超市过期商品依旧在售、美容美发产品缺乏质量保证、菜市场商品不新鲜等问题较为突出。

一些社区商业没有转型发展，商品质量、服务质量、从业人员的职业道德和业务素质等方面已经不能满足当前的消费需求。有些社区商业与居民居住区混杂存在，饭店的油烟超标、对进出人员管理不严等问题影响了居民生活，造成大量的治安和环境隐患，严重破坏了社区环境。

3. 娱乐设施复杂多样，多重污染困扰居民

很多房地产开发商在项目开发前期对社区商业特点和业态经营需求的研究不到位，没有处理好商业与住宅的"动"和"静"关系，造成了商家的经营与居民日常生活之间的矛盾，对经营者和消费者都产生了不利的影响。例如，社区中的茶楼、KTV等休闲娱乐场所，常给居民带来噪声污染，影响了居民的正常休息和生活。一个典型的案例是：2014年5月，某KTV正式入驻大渡口区商业步行街，但由于其空调冷却塔设备发出噪声且未经任何处理，引发了噪声扰民投诉。

社区的餐饮消费需求与餐饮污染之间的矛盾突出。最主

要的是餐饮店给社区带来的各种污染影响了社区居民正常生活，给社区居民带来诸多不便。目前，大渡口区尚无规范的夜市街区，商贩们大多在春晖路美食街、九宫庙沿线占道经营，不仅制造了很多垃圾，还对水体和气体造成了多重污染。社区餐饮还存在着消防隐患。餐饮店、酒楼经常堆有为数不少的煤气瓶罐，同时油烟等排放出大量的热量。这种情况下，一旦发生火灾，后果将不堪设想。

4. 社区基础设施陈旧，便民设施有待完善

由于社区建成时间较长，便民设施陈旧，许多基础服务设施都已经无法使用。商业配套设施供给与商业设施需求结构性矛盾突出。很多商铺的物业条件无法满足商家的需求，如缺少了烟道、上下水等配套设施，导致了诸如餐饮、美容美发等业态引入困难。社区商业业态资源不能最优配置，无法充分满足社区居民消费需求。

5. 商业缺乏有效管理，商品服务层次单一

社区商业大多是以销售为主，分散的产权造成后期统一经营管理困难。而且社区商业业种重复度高，业态种类过少，提供的服务不够丰富。现有的一些业态，如餐饮店、药店等在社区商业中心扎堆经营。春晖路轻轨线一侧沿街有各色茶楼聚集，另一侧则聚集了大量建材门店。文体路沿锦田佳园一侧聚集了大量餐饮店。这些单一的业态过于集中，不利于社区的商业配套服务的完善。

随着消费水平提高，社区居民对精神文化的消费需求也与日俱增。社区商业大多满足了居民传统的消费习惯，但是对于精神文化方面的需求却未能满足，社区商业中能顺应居民的消费趋势的商家寥寥无几，并且提供的服务大多质量不高。调查发现，文体路周边休闲场所以茶馆、麻将馆为主，档次不高，环境不佳。社区缺少书店、音像店、电影院、游泳馆、健身房等娱乐休闲场所和商家，无法从多方面满足人

民群众日益增长的精神文化需求。

6. 商业整体形象有待提高，商家经营档次较低

社区内的服务设施单一，社区商业发展不够成熟，未能形成统一的社区商业带。大渡口区社区商业规划仍旧不够完善，周边缺乏大型超市、购物场所，商业构成业态显得十分不足，商业气氛一般，为居民提供的便利度依旧不算高。因此，社区商业对社区整体形象、经营档次以及房地产价值的提升不够明显，无法满足居民的需求。

社区周边商业形态和档次都比较落后，建筑形式单一。枫丹筱筑、金色花园等社区存在社区商店规模小、装修较一般、铺面老旧的情况，这大大降低了社区商业形象。由于自身市场不成熟，大部分消费都流向了杨家坪、解放碑等轻轨沿线的成熟商圈。总之，大渡口区目前的商业业态普遍存在档次不高、规模不大的情况。

四、政策建议

1. 政府部门应发挥引导作用，推进交通路网建设，严格执行法律法规

政府部门应当积极协调轻轨 2 号线延伸段的建设，推动轨道交通 5 号线大渡口段及其支线前期工作；应当尽早开工建设中坝路、新九中路二期、双山路二期、大渡口迎宾立交，完成袁茄路三期拓宽改造；应加快推进新郭伏路、新华立交建设；应力促金建路、福茄路九龙坡段建成通车；应加快推进白居寺长江大桥、小南海长江大桥前期建设工作；应提速公交枢纽站场建设；应尽早完成新城 4 平方千米地下空间开发利用整体规划。此外，政府部门应当增加公交车路线，以大渡口为中心，以西城大道、滨江路为主动脉，向内环以南的八桥、建胜、茄子溪地区有序拓展城市空间，统筹基础设施、产业布局和城市开发，做到"轻轨快捷、公交方便、自驾通畅"。

政府部门应当不断完善、执行社区商业相关法律法规。目前，虽然重庆市有关于商业商品安全质量问题的明确规定，但一直没有得到很好的执行。因此，一是要提高各级政府及领导的认识，二是要加大执法检查力度，三是要各部门之间明确责任，加强配合。对于社区商业特别是小店铺、小型超市的质量安全问题，建议规划、商务、工商等部门进行一次联合大检查，质量安全不合格的，要按规定进行纠正，并追究相关单位的责任，彻底解决因法规执行不力而产生的各种问题。

政府部门应当积极以春晖路街道阳光商业社区为引领，开展"社区商业示范工程"；以补充完善必备型业态网点为主，促进业态的合理分布，加快建设规范化社区商业网点，实施"早餐示范工程"；以秀水农贸市场、建设村农贸市场为示范，改造建设更多标准化菜市场；培育示范社区超市，评选示范社区商业网点；充分发挥示范引导作用，带动更多社区商业实现规划合理、管理健全、功能完善、业态齐全、环境协调、消费便利，不断推动社区商业调结构、上水平，提高居民生活质量。

2. 社区物业应加强基础设施建设，提高居民权益意识

社区物业应加强社区周边基础设施建设，主动对老式居住区进行配套更新，完善其功能、提升其环境质量。旧的居住区往往存在物质性老化、功能性和结构性衰退的问题，其更新必须致力于社区功能的完善和用地结构的调整，同时提升社区环境。这里所说的环境除了建筑、道路、绿化等空间环境外，还包括交通环境、基础设施环境和社会人文环境。物业要紧紧围绕"便利消费进社区，便民服务进家庭"这一主题，并以创建商业示范社区为抓手，积极推进社区商业"双进工程"。

社区物业应加强社区商业的规划以及对企业的规范引导。诚信经营与品牌效应是商业中心区的软环境基础。加强诚信与品牌建设是建设商业中心区文化、打造商业中心区核心竞争力的重要手段。为此，建议做好以下工作：一是加强市场监管与调控，为消费者提供一个安全、方便、公平、放心的消费环境；二是切实加强商贸企业的培训，提升商业中心区附加服务的质量与效率；三是通过各种渠道，围绕诚信、时尚、文明等元素开展各种宣传，有效提高商业中心区的知名度与美誉度。

社区物业应促进公众参与，提升居民保护自身权益的意识。物业应广泛宣传关于噪声污染防治的法律、法规和政策，介绍噪声对人体健康危害的知识；同时发挥媒体对各类噪声扰民进行舆论监督，加大噪声违法的曝光力度。每年6月5日世界环境日期间，各社区应组织宣传活动，为居民普及环境质量状况和噪声污染防治的相关知识。

3. 企业和商户应提高商品质量，树立品牌形象

企业应当依法管理好商品生产、流通、消费的各个环节。企业必须严格执行食品安全标准，对食品安全质量实行严格把关。企业必须杜绝使用地沟油、将瘦肉精加入食品的现象发生，严禁使用对人体有害的化学添加物，保证人民群众吃上放心食品。在生产过程中，商户要控制油烟、垃圾、废水、噪声的排放，按照国家规定安装油烟净化装置，做到达标排放。企业和商户要切实保护好社区环境，提升居民的身体健康水平；在确保商品质量的基础上，不断提升服务水平和档次，满足居民需求。

企业和商户要谋求更长久的商业价值和打造品牌形象。购买商铺的业主大多并非商业经营者，其购买商铺的目的就是伺机高价出售或租赁给出价高的商户，往往并不考虑商户的品牌实力、服务内容是否与市场需求和社区品位对应。这

样常常会出现经营无序的后果，使社区商业徘徊在低品位且无序的状态下，不利于提升社区品质和形象。社区商业不能放任自流，不但要经营出特色，还要靠其提升社区品质，谋求更长久的商业价值和打造品牌形象。当住宅无法体现社区形象时，商业街可以展示社区公众形象、品牌和服务，更可以展现出社区的品质。

重庆市江北区富强社区
商业调研报告

闫东宇　吴　华*

调查时间：2015 年 3 月 20 日

调查地点：重庆市江北区富强社区

调查方法：开放式访谈、问卷调查法

开放式访谈：访谈人员采取一人一组形式（共 2 人），先后对 34 家商户的负责人进行了面对面的开放式访谈。所访谈的商户的业态业种包括综合超市类、菜市场类、餐饮类、家政服务类、美容美发类、药店类、洗衣类、维修类、代收代缴类、便利店类、回收类、休闲类、娱乐类

问卷调查：采取在社区门口现场发放、现场回收的问卷调查方式。共发放问卷 24 份，全部回收并且全部有效

一、江北区社区商业发展基本情况

1. 江北区商贸流通发展基本情况

江北区在重庆主城区具有极其重要的地位，是重庆市规划的行政、金融、科技、文化中心和中央商务区，还是现代物流中心。其工商业十分发达，是重庆市工商业重镇和重要

---

* 重庆工商大学贸易经济专业 2012 年级闫东宇、吴华。

的制造业基地，拥有全国西部地区最大的物流企业——长安民生物流和重庆市重点创汇企业——重庆茂源实业公司。江北区有重庆市五大商圈之一的观音桥商圈和重庆市最大的农产品批发市场——观音桥农贸批发中心。

江北区是重庆市主城区商贸流通业发展最为迅速的区域之一，也是重庆市未来新的商贸中心之一。江北区以全面建成小康社会总揽江北区经济社会发展全局，紧紧围绕建设"经济强区、都市新区"目标，加大力度贯彻实施"工业驱动、城建推动、商贸拉动"三大战略，商贸流通业取得了长远发展。

平安·摩卡城市位于观音桥东路500米处，属于观音桥街道富强社区，是规模为20万平方米的大型复合社区。其不仅临近观音桥商圈，经济发达，而且商业设施及其配套设施都较为发达。社区商业网点总面积达到13 984平方米，商业必备型业态种类达到10种，选择型业态、社区综合超市、标准化菜市场齐全。因为该社区商业发展具有较强的代表性，所以本项调研选择将平安·摩卡城市作为主要调查对象。

2. 平安·摩卡城市便民商圈现状

（1）发展现状。

①商圈边界。平安·摩卡城市辐射边界东至北滨路，西至观音桥商圈，南至华新街，北至数码大厦。服务半径为1 000米，服务人口5 000人以上。

②商圈环境。该区域由清目花园、城市经典和富强社区三个社区环绕而成，区域内居民流动性较强，并且距离观音桥步行街较近，经济发达；在轻轨沿线及公交车站附近，交通十分便捷；小区绿化程度为25.1%，植被覆盖率较高，商圈总体环境优美。

③商业定位。平安·摩卡城市是一个集金融、购物、餐饮、娱乐等多功能于一体、具备一定辐射能力的城市小商圈。

尽管不是国家级、市级商业示范社区，但其却体现出了较强的服务能力和服务水平。

④商业属性。平安·摩卡城市属于中间型商业，既可以满足周边各社区及流动顾客群体的需求，又可以满足本社区居民的日常生活需要。

⑤商业形态。平安·摩卡城市属于沿街式商业，社区整体走向呈两边宽中间窄形态，B1、B2 层为商业店铺，店铺围绕社区开放。

⑥服务人群特点。平安·摩卡城市社区在 2007 年建成，时间尚短，以年轻人居住为主，老年人与儿童占总人群的比重偏低。

⑦商业面积。商圈商业面积达到 13 984 平方米，人均商业面积为 2.8 平方米。其中，必备型业态商业面积占 40% 左右，面积为 10 000 平方米左右（见表 1 和表 2）。

表 1 　　　平安·摩卡城市便民商圈基本状况表

平安·摩卡城市便民商圈	服务人口	商业面积	人均商业面积	网点数量
	5 000 人	13 984 平方米	2.80 平方米	68 个

数据来源：经调研数据统计得出。

表 2 　　　平安·摩卡城市便民商圈发展状况表

平安·摩卡城市便民商圈	业态	连锁比重	商业属性	商业形态	建成时间	市级、国家级
	14 个	中	中间型	沿街式	2007 年	否

数据来源：经调研数据统计得出。

（2）平安·摩卡城市社区商业主要业态分析。平安·摩卡城市社区商业主要业态和业种情况如表 3 所示。

表3　　　　平安·摩卡城市社区商业主要业态表

业态	商圈与目标顾客	规模	商品结构	商品售卖方式	服务功能
食杂店	辐射半径300米，以相对固定的居民为主	营业面积一般在100平方米以内	以香烟、饮料、酒、休闲食品为主	柜台式和自选式相结合	营业时间在12小时以上
便利店	商圈范围小，顾客步行5分钟内到达，顾客多为有目的购买	营业面积100平方米左右，利用率高	以即时食品、日用小百货为主，平均商品品种在1 000种左右	以开架自选为主，在收银处统一进行结算	营业时间在16小时以上，提供即时性食品，开设多项服务项目
大型超市	辐射半径2 000米以上，目标顾客以居民、流动顾客为主	实际营业面积6 000平方米以上	大众化服装、食品、日用品品种齐全	自选销售，出入口分设，在收银台统一结算	设有停车场
专卖店	以中高档消费者和追求时尚的年轻人为主	营业面积100平方米左右，利用率高	以销售某一品牌系列商品为主	采取柜台销售或开架面售方式	从业人员提供专业性服务
专业店	以有目的选购某类商品的流动顾客为主	营业面积100平方米左右，利用率高	体现专业性、深度性、品种丰富	采取柜台销售或开架面售方式	从业人员具有丰富的专业知识
家具建材商店	以拥有自有房产的顾客为主	营业面积4 000平方米以上	改善、建设家庭居住环境有关装饰为主	采取开架自选方式	提供一站式购足和一条龙服务

数据来源：经实地调研得出。

（3）业种情况分析。根据表4可知，社区商业中必备业态为10种，网点个数为43个；选择性业态为4种，网点个数为22个，主要满足居民对于多样化消费的需求，如美容美发类、洗衣类等；社区综合超市1个，即位于建新东路36号的永辉超市，其营业面积为7 000平方米以上，基本可以满足居民日常生活需求；标准化菜市场1个，即大兴村菜市场，其营业面积为2 024平方米左右。

表4　　　　平安·摩卡城市社区具体业种分布表

序号	业态	网点数量（个）	经营面积（平方米）	面积比（%）
1	综合超市类	1	7 000	50.05
2	菜市场类	1	2 024	14.47
3	餐饮类	25	1 020	7.30
4	家政服务类	6	400	2.86
5	美容美发类	2	80	0.57
6	药店类	8	250	1.79
7	洗衣类	2	50	0.36
8	维修类	—	—	—
9	代收代缴类	3	150	1.07
10	便利店类	7	210	1.50
11	肉菜类	—	—	—
12	回收类	—	—	—
13	休闲类	8	500	3.58
14	娱乐类	5	2 300	16.45
—	合计	68	13 984	100

数据来源：经调研数据统计得出。

　　必备业态中，有7个便利店类商铺及中小超市，服务半径为200米左右；25个以上的餐饮店，多以火锅、烤鱼等重庆特色美食为主，其组成了平安·摩卡城市商业中一条独具特色的小吃街。社区内洗衣、家电维修、药店、再生资源回收、金融服务、便民服务项目的网点为21家，服务半径为300米左右。

　　（4）业种典型性店铺分析。主要业种所属业态如表5所示。

表5   主要业种所属业态表

序号	店铺名称	营业面积 （平方米）	就业人数 （人）	业态类型
1	永辉超市	7 000	210	综合超市类
2	麦宫 KTV	1 600	100	娱乐类
3	仔仔51强老火锅	280	30	餐饮类
4	兵兵副食	40	5	便利店类
5	江钓渔具	40	3	休闲类
6	沁园	20	3	餐饮类
7	快店	35	4	便利店类

数据来源：经调研数据统计得出。

二、平安·摩卡城市便民商圈满意度调查及主要问题

我们采取在社区门口现场发放、现场回收调查问卷的方式，共发放问卷24份，全部回收并且全部有效。有效问卷的居民分类情况如表6所示。

表6   平安·摩卡城市有效问卷调查社区居民情况

社区居民类别	有效问卷份数
60 岁以上居民	8
30~59 岁居民	8
18~29 岁居民	8
合计	24

问卷主要以调查社区商业居民满意度为目的，在以上有效问卷中，所有接受调查者都对周边社区商业较为满意，但也存在着一些问题。

1. 社区商业便利性满意度

83.3%的居民认为在社区附近购物方便、比较方便、非

常方便。66.7%的居民认为在附近用餐方便和比较方便。其中，调查的 8 位老年人均表示在社区方便就餐，而年轻人则多喜欢去较近较为发达的商圈用餐。50%的居民表示去附近的美容美发方便、比较方便、非常方便。58.3%的居民表示在附近就医方便、比较方便、非常方便，因为药店、医疗点较多方便就医，并且附近医院众多，就医较为便利。83.3%的居民表示在附近休闲娱乐方便、比较方便、非常方便（见图 1）。

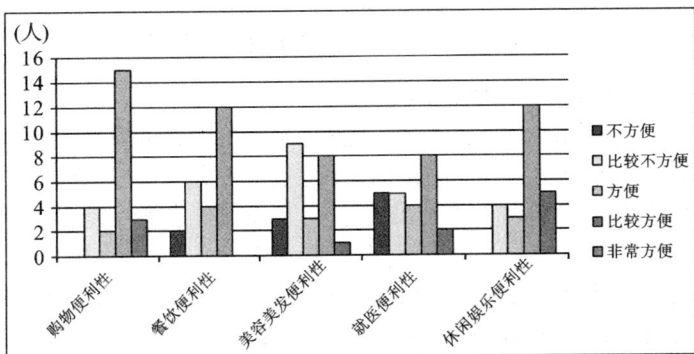

图 1　社区商业便利性满意度

2. 社区商业产品安全性满意度

在餐饮安全问题上，79.2%的居民认为餐馆的饮食不安全和比较不安全。83.3%的居民认为在附近超市购买日常生活用品商品质量安全性安全、比较安全、非常安全。75%的居民认为美容美发产品安全性安全、比较安全、非常安全。其中，12 名男性被调查者均认为安全，女性被调查者则分歧较大。50%的居民认为菜市场的蔬菜、肉类、水果等。83.3%的居民认为社区安全性安全和比较安全。

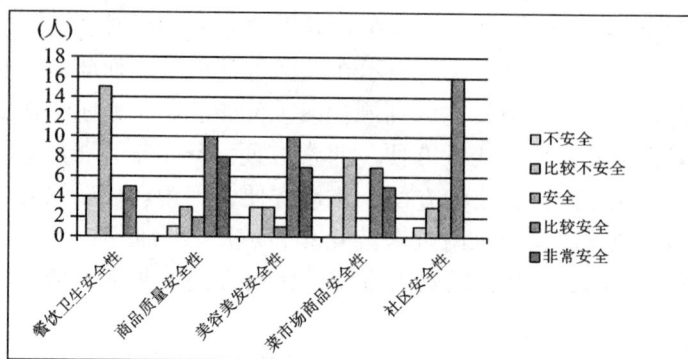

图 2   社区商业产品安全性满意度

3. 社区商业健康性满意度

75%的居民对社区商业在公共卫生上的维护满意、比较满意、非常满意，不满意的商业类型主要是餐饮类店铺，尤其是火锅店。83.3%的居民表示社区商业经营场所经营时噪声不大，表示满意、比较满意、非常满意，对此不满意的则是由于饭店和超市装卸货物的货车噪声较大而不满。50%的居民对社区商业经营场所周围的气味表示满意、比较满意，对此不满意的则是火锅店等餐饮店铺的气味过于浓烈，烟气过大（见图3）。

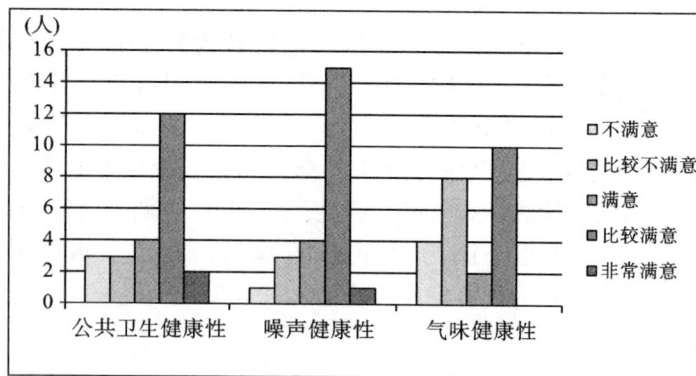

图 3   社区商业健康性满意度

4. 社区商业舒适性满意度

70.8%的居民对社区商业经营场所内部经营环境舒适性满意、比较满意，不满意的商业类型是便利店类，认为其内部较狭窄。62.5%的居民对社区商业经营人员的服务态度舒适性满意、比较满意、非常满意，但有个别商铺的经营人员服务态度不佳。70.83%的居民对社区商业附近便民设施安置情况舒适性满意、比较满意、非常满意（见图4）。

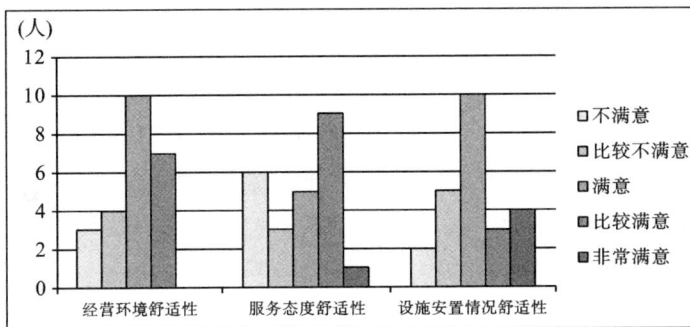

图4　社区商业舒适性满意度

5. 社区商业选择性满意度

100%的居民对社区商业提供产品、服务满足总体日常生活需求选择性满意、比较满意、非常满意，认为周边商业店铺可以满足居民的日常需求。62.5%的居民在购买同一商品或服务时，对可以选择的社区商店数量满意、比较满意、非常满意。58.3%的居民对社区商业满足多样化需求的选择性满意、比较满意（见图5）。

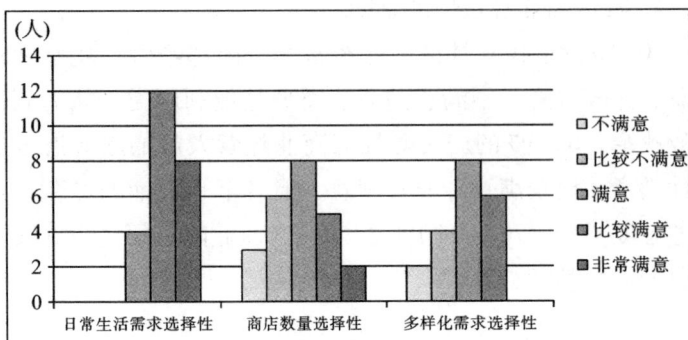

图5　社区商业选择性满意度

6. 社区商业经济性满意度

62.5%的居民对社区商业总体经营档次满意、比较满意、非常满意。58.3%的居民对社区商业提升社区总体形象的影响满意、比较满意、非常满意。66.7%的居民对于社区商业提升社区房地产价值持看好态度，满意、比较满意、非常满意（见图6）。

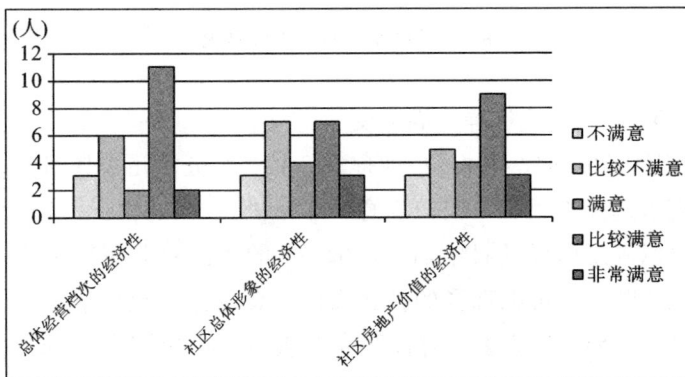

图6　社区商业经济性满意度

7. 社区居民的建议

根据对调查结果的汇总统计，在社区商业便利性方面，多数被调查者都持满意态度。在购物问题上，被调查者的选择各不相同；在餐饮问题上，被调查者认为因为缺乏新餐饮店铺入驻，所以缺乏新鲜感，要到较远的商圈才可以获得多样化的餐饮选择；在休闲娱乐问题上，被调查者认为休闲娱乐项目仅限于 KTV、打牌、饮茶和电影，新的休闲娱乐项目尚待开发。

在社区商业产品安全性方面，不少被调查者认为餐饮卫生不过关，火锅等餐饮对身体有着不同程度的损害，不如在家里吃饭安全。菜市场销售商品价格便宜、卫生较好，选择在菜市场购买商品的人较多。

在社区商业健康性方面，社区商业内缺少公共厕所，路面上的垃圾也未能得到及时处理，火锅、烤鱼等餐饮店的垃圾直接放在门店外的餐桌下，随处可见。社区商业经营者对于公共卫生的维护做的不是很到位，这也就导致社区商业经营场所附近气味难闻。

在社区商业舒适性、选择性、经济性等方面，被调查者认为经营场所的内部环境保持得较为整洁，服务人员态度良好，也基本可以满足人们的日常生活需要。社区总体形象特色鲜明，社区商业总体经营档次较高，有利于社区房地产的价值不断攀升。

三、平安·摩卡城市便民商圈发展建议

1. 政府方面

（1）加大招商引资力度。政府应扩展商户多样化，加大招商力度，针对便民商圈的特点，制定独特的商业规模定位和招商模式。在地理位置适中、交通便利、人流相对集中的区域，政府应以社区服务中心，以标准化菜市场为核心，配置必备型业态。

（2）建立社区商业便民服务沟通机制。政府应成立便民

商圈服务小组，及时沟通了解情况，积极解决建设社区便民商圈发展过程中出现的困难，进一步完善便民商圈服务工作体系，奠定便民商圈经济发展的组织保障。

（3）扶持社区商业企业发展。政府应加大对区域内便民商圈的宣传力度，借助网络等平台发布便民商圈招商信息，大力宣传加快便民商圈经济发展的扶持政策，协调解决便民商圈建设过程中存在的问题和矛盾，引进便民企业，服务社区居民。

（4）强化社区商业信息基础建设。政府应及时收集和掌握相关信息，定期分析便民商圈的发展状况，实行长效动态管理的。政府应加大对周边环境卫生和社会治安的整治力度，为便民商圈的发展创造良好的外部环境。政府应定期开展业主交谈会，听取更多的意见，促进社区商业的发展。

2. 商家方面

商家要树立规范经营的意识，严格按照规章制度诚信经营。一是要严格保证产品和服务质量安全，包括食品、日用品以及烫染用品等，保证消费者能放心食用或使用。二是要坚决杜绝发生外部不经济行为，不能因盲目追求经济利益最大化，违规排放含油污水、洗涤废弃水、厨房油烟、发电机废气等污染物，这些污染会严重影响社区居民的正常生活，会给社区居民带来诸多不便。商家要认识到，只有通过规范自身行为、诚信经营，做到经济效益、社会效益与环境效益的统一，才能获得消费者的认同，否则其生存将难以为继。

重庆市沙坪坝区磁正街社区商业调研报告

徐　颖　张玉诺　杨翼宇[*]

调研时间：2015 年 4 月至 2015 年 6 月
调研地点：重庆市沙坪坝区磁正街社区
调研方法：实地观察法、数据及图表分析法

一、沙坪坝区社区商业发展基本情况

沙坪坝区一直在积极地发展社区商业。自 2013 年以来，沙坪坝区出台了多项措施保障社区商业的发展。据 2013 年政府网站公开的信息显示，沙坪坝区投资近 3 000 万元，整治、改造城区菜市场和规范化建设改造乡镇农贸市场 36 个，总面积 65 522 平方米，实现社区标准化菜市场改造全覆盖；与此同时，新建社区便民商圈 2 个，包含餐饮、洗浴等社区居民服务网点。沙坪坝区依靠其龙头企业新建规范化、连锁化的社区商业网点约 300 个、社区再生资源回收点 320 个，建成家政服务网络中心 1 个，培育家政品牌企业，方便了居民消费。沙坪坝区创建国家级商业示范社区 2 个、市级商业示范社区 7 个；评定示范社区超市 13 个、示范社区药店 4 个、放

* 重庆工商大学经济贸易专业 2013 级徐颖、张玉诺，会展经济专业 2013 级杨翼宇。

心粮店 16 个。沙坪坝区大力推动早餐示范工程，发展早餐示范工程试点企业 3 家，建成早餐经营网点 57 个。沙坪坝区建成社区直销菜店（点）16 个。沙坪坝区农民新村和公租房小区商业网点配套工程稳步推进。政府编制了《2013—2020 年社区便民商业发展规划》，计划以"三化"提升社区商业零距离服务群众的水平，实现建设标准化、网店连锁化、服务多元化的目标。

二、沙坪坝区磁正街社区便民商圈现状

1. 沙坪坝区磁正街社区便民商圈概述

沙坪坝区磁正街社区便民商圈总体情况如表 1 所示。

表 1　　　　　　　　便民商圈概述

磁正街社区便民商圈	范围（平方千米）	服务人口（万人）	商业面积（万平方米）	人均商业面积（平方米）
	1.2	1.6	1.62	1.01
网点数量（个）	业态（种）数量（个）	商业属性	商业形态	市级、国家级
420	12	外向型	沿街式	国家级

数据来源：表中数据来自调研组实地走访了解。

（1）商业环境：沙坪坝区磁正街社区位于重庆市沙坪坝区磁器口古镇，几乎涵盖整个磁器口古镇景区。磁器口古镇始建于宋朝，是重庆市著名的景点，也是重庆市重点保护的传统街道。磁正街社区的交通十分便利，轨道交通一号线设有磁器口站，数条公交线路也经过磁器口古镇，为社区居民的出行提供了极大的便利。由于磁正街社区的独特性，该社区因旅游的开发，绿化环境较好，绿化面积较大，适合居民的居住。

（2）商业属性：外向型。

（3）商业形态：沿街型。

（4）服务人群特点：因磁正街社区的特殊性，服务人群大多数为来磁器口古镇游览的游客。

（5）商业面积：商圈商业总面积达到 1.62 万平方米，人均商业面积为 1.01 平方米。

2. 业态业种情况分析

磁正街社区便民商圈业态业种情况如表 2 所示。

表 2　　　　磁正街社区便民商圈业态业种情况表

序号	业态	网点数量（个）	经营面积（平方米）	面积占比（%）
1	餐饮类	24	972	6.00
2	土特产	56	2 106	13.00
3	小食品	63	2 430	15.00
4	工艺品	79	3 078	19.00
5	服装	35	1 409	8.70
6	字画	29	1 134	7.00
7	茶饮	58	2 268	14.00
8	宗教	11	486	3.00
9	住宿	2	65	0.40
10	场馆	4	146	0.90
11	公共服务	8	162	1.00
12	其他	51	1 944	12.00

数据来源：表中数据来自调研组实地走访了解。

其中，必备型业态 5 种，网点 67 个；选择型业态 6 种，网点 363 个。

3. 主要业态业种店铺分析

作为重庆古城的缩影和象征，磁器口古镇保留着浓郁淳朴的古风，并将自己悠久的历史文化与重庆现代化的生活巧妙地融为一体。近年来重点发展旅游业，其经营的对象既有经典的古镇特产，也有现代风格的休闲娱乐设施。其主要体现在以下几个方面：

（1）景点。磁器口古镇现有的钟家大院、翰林院、宝善宫、深水井、纤夫文化展示馆、宝轮寺、文昌宫古宅门、抗战教育博物馆等都是吸引游客的经典文化景点。

（2）美食。古镇街道两侧充满了巴渝特色的美食，在游客漫步古镇的时候，这些美食能给游客一种独特的享受。这里的美食主要包括古镇三绝——毛血旺、千张皮、椒盐花生。除此之外，陈麻花、手工酸辣粉、辣子鸡、张飞牛肉等特色餐饮也是享誉全国。

（3）购物。古镇街道上有鳞次栉比的充满特色的店铺，售卖香水的、丝绸的、小手工制品的充分地吸引游客的眼球。

（4）文化休闲。茶馆是重庆的一个标志，当地人喜爱在茶馆聊天、打麻将。磁器口的茶馆在重庆颇有名气，游客在这里除了能品到上好的茶外，还能聆听传统音乐与戏曲，令人流连忘返。

三、重庆市沙坪坝区磁正街社区商业居民满意度及主要问题

我们发放了 50 份调查问卷，全部回收并且有效。本次调查的对象以中老年人居多，他们中有 64% 的人是高中以下学历，以自由职业者居多，收入在每月 3 000 元左右。

1. 重庆市沙坪坝区磁正街社区便民商圈满意度分析

（1）社区商业便利性满意度。从图 1 反映的情况来看，69% 的社区居民对于社区商业便利性的评价是满意的，因此我们可以认为社区居民总体满意度较高。据调查问卷结果显示，包括对购物、用餐、美容美发、就医等，都有一定占比的居民认为不方便。由于磁器口古镇主要经营旅游业的特殊性，导致居民购买生活用品十分不便，只能到距离较远的永辉超市购买，而游客众多也直接导致街道拥挤，迫使居民绕

远路或者和游客逆向而行。此外，磁器口古镇没有大型医院，只有社区诊所，而社区诊所医疗条件有限，导致居民生病时只能坐车去距离较远的大医院就医。

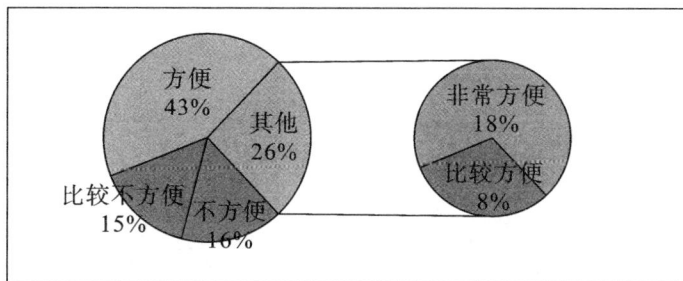

图1　社区商业便利性满意度

（2）社区商业产品安全性满意度。由图2可知，相对于便利性的满意度来说，居民对于社区商业产品安全性的满意度较高。对于附近的餐馆卫生，大部分居民都觉得是安全的，由此反映出居民对餐馆卫生相当信任。对于社区超市商品的质量，有少部分被调查者选择的是不可靠，认为其质量相比大超市商品的质量而言明显存在差距。对于美容美发产品的安全性和社区商业的员工进出社区的调查结果显示，基本上全部被调查者都认为其是安全的。

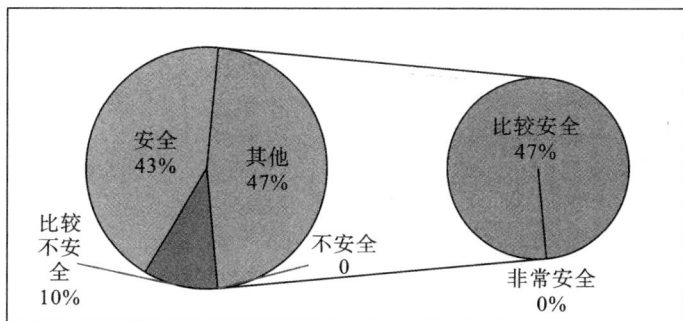

图2　社区商业安全性满意度

（3）社区商业健康性满意度。由图3可知，居民对健康性满意度较高，只有14%的居民比较不满意的。我们在调查问卷的这部分设定了三个问题，分别为对公共卫生、经营时的噪音以及经营场所的气味的满意度。在回收的50份问卷中，总体上来说，居民对健康性的满意度较高。

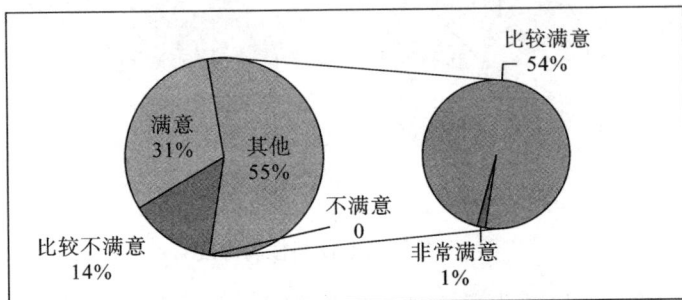

图3　社区商业健康性满意度

（4）社区商业舒适性满意度。由图4可见，社区居民对于社区商业的舒适性满意度较高。回收的问卷中，没有一份是不满意的。关于对社区商业经营场所的内部环境、对社区商业经营人员的服务态度、对社区商业附近便民设施的设置情况这三个问题，有14%的居民是比较不满意。问题集中在部分营业人员对游客态度热情，而对居民则态度相对冷淡，并且经营时不注意环境卫生。

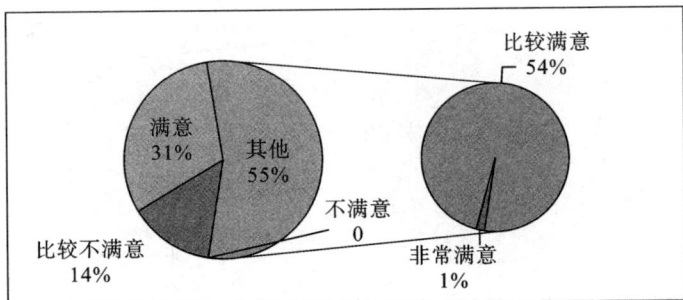

图4　社区商业舒适性满意度

（5）社区商业选择性满意度。对于这一部分，我们设置了三个问题，分别是对社区商业提供产品和服务总体上满足日常生活需求是否满意；购买同一商品或服务时，对可以选择的社区商店数量是否满意；对社区商业满足其多样化需求的程度是否满意。居民对于这三个问题的回答比较一致，有14%的居民比较不满意，矛头直指旅游业的过度发展影响了他们对商品买卖的选择，使他们无法满足对商品多样化的需求（见图5）。

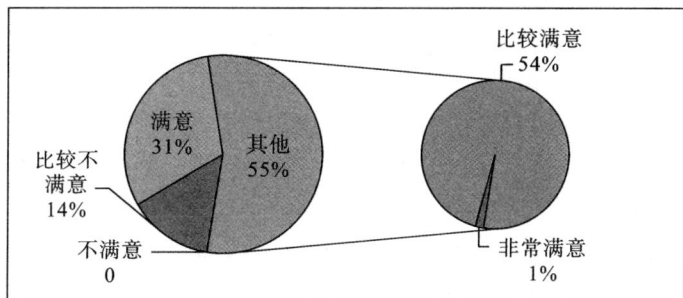

图5　社区商业选择性满意度

（6）社区商业经济性满意度。由图6可知，居民满意度为86%，不满意的为0，有14%的居民表示比较不满意。我们发现，居民对于社区商业的档次抱有怀疑态度，认为虽然发展迅速，但质量不高。而其他人认为磁器口古镇的商业发展蓬勃，吸引了全国各地的游客来参观，因此他们认为社区总体形象是较高的，同时也提升了社区的房地产价值。

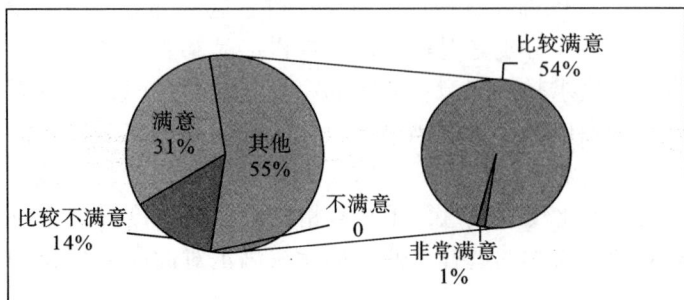

图6　社区商业经济性满意度

2. 重庆市沙坪坝区磁正街社区便民商圈主要问题分析

（1）卫生情况差。社区开设了过多的餐饮店铺，而这些餐饮店铺门面很小，垃圾污水也没有进行专门处理，只是随便排放到街上的井口，所以经常散发出一些臭味。与此同时，磁器口古镇的垃圾桶很少，但其接待的游客众多，游客产生的垃圾量也是巨大的，一些找不到垃圾桶的游客乱扔垃圾，使得街道的卫生情况更差。

（2）商店的服务质量不高。主要问题在于为了满足旅客需求，同业态业种店铺过度发展。例如，磁器口麻花店至少就有五家，它们挤走了一些关系居民日常生活的消费网点，导致社区居民的日常消费不能得到满足。同时，商品的质量不能满足部分顾客的需求，居民买到的东西易损坏，导致居民不相信个别商店所售物品。有些商店服务人员态度较差，只对来此游玩的游客比较热情。这造成了部分居民生活上的不便。

（3）个别商店的扰民行为。部分商家采用扩音喇叭重复宣传的方式来获得更多的关注。例如，卖玉器的商家，在店门口摆放高音喇叭，重复播着"厂家倒闭"之类的话语，不仅是大的声音扰民，其内容的虚假性也造成居民对该类商业心理上的不认同。

（4）社区老旧，规划不合理。这里的商店很多，但是普遍偏小，店面分布较乱，没有一定的规划，肉食类和纪念品类交杂分布，混乱重复。再加上对小摊小贩疏于管理，导致本来就很狭窄的街道更加狭窄，居民进出十分不便。尤其是游客量大的时候，更使得居民寸步难行。社区较老旧，没有开设菜市场。居民需要走到距离约 1 000 米远的社区去买菜。社区也没有生活用品类的超市，导致居民购买生活用品十分不便。社区只有一个社区诊所，无法满足居民日常看病所需。居民生病时只能去较远的大医院。这是过度重视旅游业而忽视居民需求所导致的。

四、便民商圈发展建议

从政府角度来说，政府一定要认识到磁器口古镇存在过度发展旅游业而忽视居民基本生活需求的问题。政府应通过制定相关政策等措施，来积极引导、改善。例如，政府可以重新对磁器口古镇进行规划，相对减少商店数量，或者对商店质量进行严格把关，将过度重复、浪费资源的店铺进行整合。政府可以积极规划扩大磁器口古镇规模，将旅游资源向周边拓展，通过稀释游客量来减轻社区居民的压力。同时，政府应当积极对磁器口古镇业态业种进行再规划，积极引导不同业态业种的商家入驻，形成既有竞争性又有互补性的业态业种结构，最大限度发挥古镇的规模经济和范围经济。

对于商家而言，第一，商家必须重视自己的产品质量，对经营产品的选择要慎重，不要盲目跟风，要选择有特色、易销售的产品。第二，经营时，商家要注意诚信及宣传手段，不要在居民及消费者心中留下扰民、不诚信的印象。第三，商家要积极配合政府、社区的引导，听取相关方面的意见，做到科学发展、科学经营。

对于居民而言，鼓励居民积极向社区反映有关社区商业的意见，对于社区商业的不足应该及时与街道及居委会沟通，让相关负责人了解居民的诉求。当然，在日常生活中，针对商家商贩的违法违规行为，居民要不断培养监督纠违意识，利用手机、相机等多媒体设备做好证据留存工作。这样可以有针对性地进行纠违，从而维护自身的权益。

重庆市九龙坡区石坪桥正街
社区商业调研报告

刘　萍　付凤娇　辛　雪*

调研时间：2015 年 1 月 3 日至 2015 年 4 月 3 日
调研地点：重庆市九龙坡区石坪桥正街社区
调查方法：调查法、观察法

一、九龙坡区社区商业发展基本情况

九龙坡区位于重庆市主城核心区西部，面积 432 平方千米，是长江和嘉陵江环抱的重庆渝中半岛的重要组成部分。九龙坡区是重庆都市发达经济圈重要核心区之一，获评"城乡统筹发展综合改革先行示范区""市区共建科学发展开放经济示范区"等称号。近年来，九龙坡区坚持以投资大增长带动工业大提振、城市大改观、民生大改善，实现了经济又好又快发展。

1. 商贸流通业发展基本情况

截至 2014 年 11 月，九龙坡区批发零售业实现销售总额 1 529 903 万元，同比增长 117.4%；社会消费品零售总额 211.22 亿元，同比增长 18.4%。商业网点数量达到 6 万

---

* 重庆工商大学会展经济与管理专业 2012 级刘萍、付凤娇、辛雪。

余个。

2. 社区商业发展基本情况

九龙坡区社区商业发展已初具规模，社区数量和与之匹配的商业设施相对均衡。2014 年，九龙坡区共有社区数 26 个，社区商业网点数达到 3 万个，社区商业网点总面积为 100 万平方米。2014 年，九龙坡区社区商业必备型业态种类达到 10 种，但仍有部分社区缺少必备型业态。从网点数量与经营面积看，餐饮、综合超市、便利店业态相对集中；而其他类业态相对分散，这说明业态散乱现象较突出。随着示范效应不断增强，截至 2014 年年末，九龙坡区有国家级商业示范社区 1 个，市级商业示范社区 1 个，新建社区便民商圈 8 个。

俊逸新视界商业示范社区是九龙坡区内社区商业规划最合理、资源配置最完善的社区，也是九龙坡区唯一获得"全国社区商业示范社区"称号的社区服务中心。该社区地处九龙坡区石坪桥正街，拥有住宅楼 19 栋、住户 2 904 户、超过 10 000 人的常住居民。社区的建筑以点阵式布局为基础，形成围合之势，留出 7 万平方米的丽景生态园林，以保证每栋建筑的景观视野。社区中商住分离，同时商业又充分为业主服务，既提高了传统自有商业的配套水平，又不影响居住。社区商业面积 14 273.56 平方米，布局有 53 个规范化社区商业网点，包括大型超市、连锁餐饮、便利店、美容美发、洗衣、医疗保健、文化用品及电信服务等居民日常生活必需的业态业种，从业人员约 500 人，年营业额近 5 000 万元。

二、骏逸新视界城市便民商圈现状

1. 发展现状

骏逸新视界城市便民商圈概述总体情况如表 1 所示。

表1 　　　　　　　 骏逸新视界城市便民商圈概况

骏逸新视界社区便民商圈	范围（万平方米）	服务人口（万人）	商业面积（万平方米）	人均商业面积（平方米）	网点数量（个）	业态（种）数量（个）	商业属性	商业形态	建成时间	市级、国家级
	12	2	1.43	0.72	53	11	中	沿街式	2010年	国家级

数据来源：经居委会提供资料及实地调研得出。

（1）商圈边界。骏逸新视界城市便民商圈占地面积12万平方米，辐射边界东至骏逸广场，西至石杨路沿线。商圈核心区域由骏逸支路、石杨路环绕组成。骏逸新视界城市便民商圈服务半径1 000米，服务人口约2万人。

（2）商圈环境。骏逸新视界地处石坪桥，属大石杨（大坪、石桥铺、杨家坪）地区中心地带，为主城区难得的待开发地域，周边商业时尚繁华、配套完备，购物、娱乐、就医、上学十分便利，具备强劲的增值潜力，是生活投资的优选。骏逸新视界承接大石杨地区四大城市副中心交通枢纽，到陈家坪、袁家岗、杨家坪等轻轨一号线主要站点较近，20余条公交线路从此处经过，交通快捷便利。

（3）商业定位。骏逸新视界被定位为集金融、购物、餐饮、娱乐等多功能于一体的，具备一定辐射能力的城市小商圈。该社区在2009年被重庆市商委评为"重庆市商业示范社区"。2010年，骏逸新视界获中华人民共和国商务部颁发的"全国社区商业示范社区"称号。

（4）商业属性。该社区地处石坪桥，属大石杨地区中心地带。周边商业形成一个"A"字形商圈。在规划建设上，社区商业项目设置科学合理，重点规划了商业文化广场和情景购物内廊等设施，突出了惬意、购物、休闲、居家的商业氛围。因此，该社区吸引了很多周边居民购物，使得该社区成为一个中间型的商业形式。

（5）商业形态。骏逸新视界承接大石杨地区四大城市副中心交通枢纽，到陈家坪、袁家岗、杨家坪等轻轨一号线主要站点较近，周边形成了一个沿街式商圈。

（6）服务人群特点。服务人群属于普通工薪阶层，较大众化。

（7）商业面积。商圈商业总面积达到 1.43 万平方米，人均商业面积 0.72 平方米。

（8）业态业种。商业业态较丰富，重点突出餐饮和休闲类，但是目前缺少资源回收和家政服务类。该社区是由居委会作为中间人联系用户和商家的。

2. 业态业种情况分析

（1）必备型业态。社区有必备型业态 9 种，网点 36 个。其中，有 1 个社区综合超市，面积在 2 000 平方米以上；有 1 个标准化菜市场，在社区后门有一个仅 100 多平方米的小菜市场；有 4 个以上的便利（民）店及中小超市，按服务半径 200 米配置；有 20 个以上餐饮店，按服务半径 100 米配置；有洗衣、家电维修、药店、金融服务等业态，每种 3~10 个网点，按服务半径 300 米配置。

（2）选择型业态，包括银行、娱乐、休闲、房地产、生活服务馆、教育、宠物店、宾馆、汽车修理等，共 17 个网点。

骏逸新视界便民商圈业态业种情况如表 2 所示。

表 2　　　　骏逸新视界便民商圈业态业种情况表

序号	业态	网点数量（个）	经营面积（平方米）	面积占比（%）
1	综合超市类	1	2 000	13.95
2	菜市场类	1	100	0.70
3	餐饮类	20	5 700	39.74
4	家政服务类	—	—	—

表2(续)

序号	业态	网点数量(个)	经营面积(平方米)	面积占比(%)
5	美容美发类	4	520	3.63
6	药店类	3	210	1.46
7	洗衣类	1	24	0.17
8	维修类	2	40	0.28
9	代收代缴类	1	4	0.03
10	便利店类	4	64	0.45
11	肉菜店	—	—	—
12	回收类	—	—	—
13	休闲类	5	2 800	19.52
14	娱乐类	3	1 300	9.06
15	银行	3	430	3.00
16	其他	5	1 150	8.01
—	合计	53	14 342	100%

资料来源：经实地调研数据得出。

3. 主要业态业种店铺分析

骏逸新视界便民商圈主要店铺情况如表3所示。

表3 　　骏逸新视界便民商圈主要店铺情况表

序号	店铺名称	营业面积(平方米)	就业人数(人)	营业额	业态业种类型
1	新世纪	2 000	70	—	综合超市类
2	小渔民	1 800	60	—	餐饮类
3	纤丝坊	130	12	—	美容美发类
4	同心堂药房	78	5	—	药店类
5	洁丰干洗	24	2	—	洗衣类

表3(续)

序号	店铺名称	营业面积（平方米）	就业人数（人）	营业额	业态业种类型
6	川东家电维修	22	2	—	维修类
7	利安	4	1	—	代收代缴类
8	酒茶便利店	16	2	—	便利店类
9	三闲居茶坊	640	15	—	休闲类
10	骏逸好声音KTV	384	18	—	娱乐类

资料来源：经实际调研数据得出。

三、骏逸新视界城市便民商圈满意度及主要问题

调研期间，我们在骏逸新视界社区门口随机邀请了27名社区居民填写调查问卷，其中25份是有效问卷；同时，我们走访了该社区的居委会和物业管理单位。

1. 居民基本信息

被调查对象中，男性占52%，女性占48%；年龄在20岁及以下的人群占24%；在21~30岁的人群占32%；在31~40岁的人群占28%；在41~50岁的人群占8%；在51~60岁的人群占4%；61岁及以上的人群占4%（见图1）。

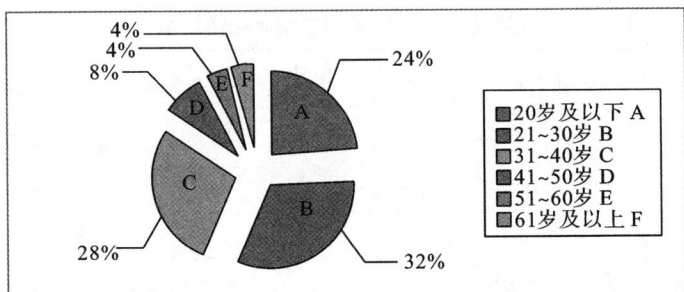

图1 被调查人群年龄分布情况

从学历结构来看，参与调查的居民中，本科人群占了 32%，研究生及以上人群占了 12%。从收入水平来看，参与调查的居民的月收入大多在 3 000~6 000 元。

从职业构成上看，参与调查的学生人群较多，占了 32%，其他职业占了 68%。

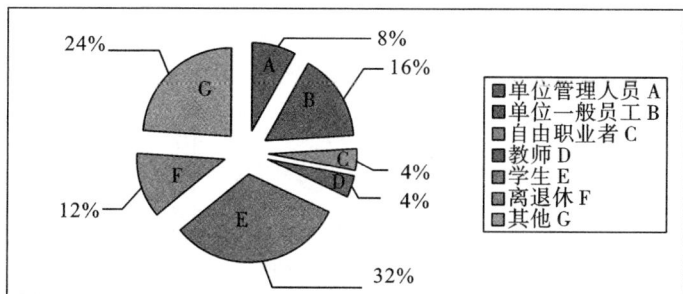

图 2　调查人群职业分布

2. 居民满意度调查

（1）社区商业便利性满意度。

①购物满意度。居民对附近购物的便利性认为满意。其中，认为非常方便的居民占了 12%；认为方便的居民占了 56%，占被调查人数的一半多；没有认为不方便和比较不方便的居民。这说明参与此次调查的居民对自己在附近购买物品感到满意，周边的购物点能满足居民的需求（见图 2）。

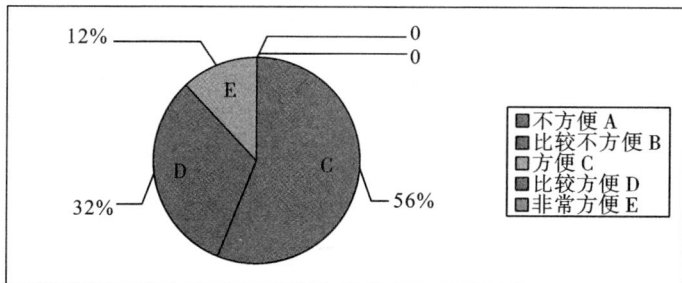

图 3　社区居民购物满意度分析

②用餐满意度。调查结果显示，大多数居民认为到附近用餐是方便的。其中，认为非常方便的居民占了12%；认为比较方便的居民占了32%；认为方便的居民占48%；认为比较不方便的居民占了8%；没有认为不方便的居民。这反映出该社区周边餐饮配套能够满足绝大多数居民的需求（见图4）。

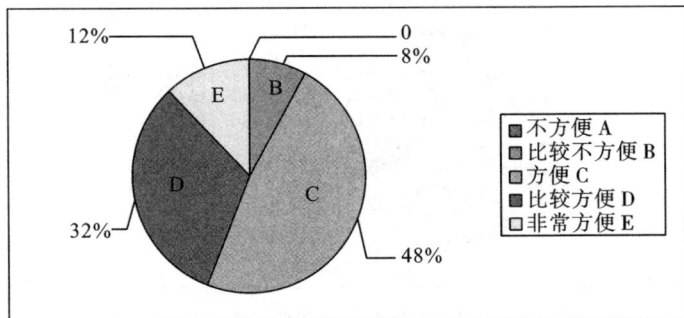

图4　社区居民用餐满意度调查情况

③美容美发健身满意度。总体来讲，居民对社区附近的美容美发健身机构是满意的。其中，认为非常方便的居民占了8%；认为比较方便的居民占了28%；认为方便的居民占56%；认为比较不方便的居民占8%；没有认为不方便的居民（见图5）。

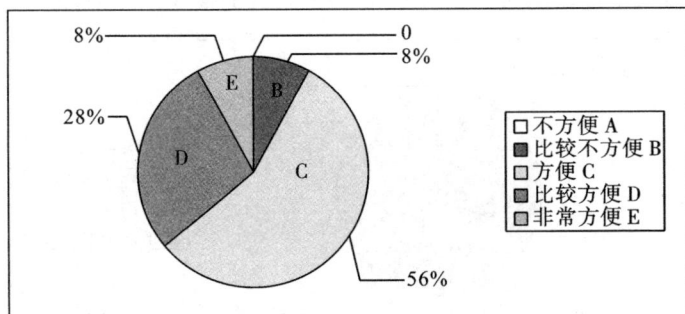

图5　社区居民美容美发健身满意度调查情况

④就医满意度。与前面的满意度相比，就医便利性的满意度相对较差。认为非常方便的居民占了 8%；认为比较方便的居民 32%；认为方便的居民占 36%；认为比较不方便的居民占了 20%；认为不方便的居民占了 4%（见图 6）。一些居民在谈话中揭示了就医不方便主要原因，包括"没医院，仅有一个诊所""医院比较远，距自己居住的地方远""诊所服务窗口少、排队时间久、服务态度差"。

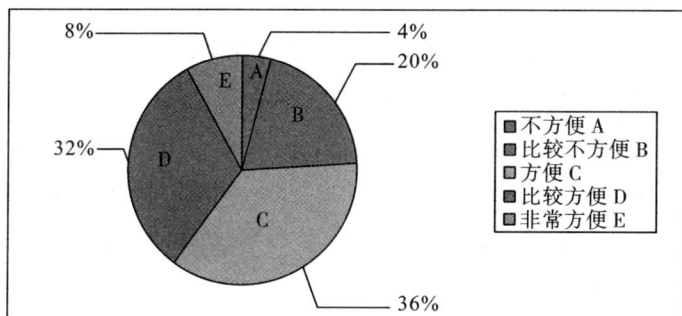

图6　社区居民就医满意度调查情况

⑤休闲满意度。对于休闲，居民总体表示满意。其中，认为非常方便的居民占了 8%；认为比较方便的居民占了 36%；认为方便的居民占了 52%；认为比较不方便的居民占了 4%；没有居民认为不方便。这反映出该社区良好的休闲配套设施建设水平（见图7）。

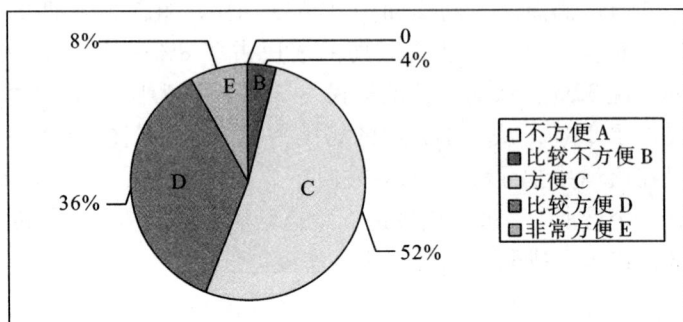

图 7　社区居民休闲满意度调查情况

（2）社区商业产品安全性满意度。

①社区餐馆餐饮卫生满意度。如图 8 所示，绝大多数居民（占比 44%）相信社区附近的餐馆卫生是安全的，但是还是有少部分居民（占比 20%）觉得社区附近的餐馆卫生不安全，会危及自身的健康。

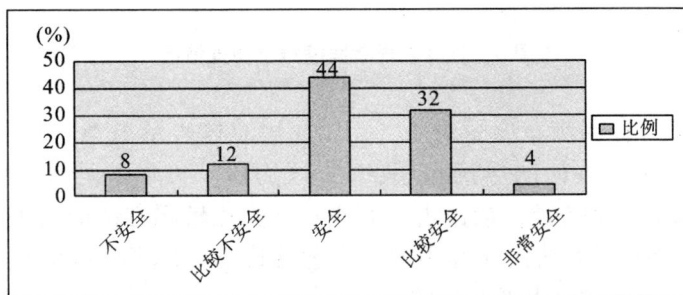

图 8　社区餐馆餐饮卫生满意度调查情况

②社区超市商品质量满意度。调查结果显示（见图 9），该社区的居民普遍对社区超市商品质量感到满意，认为其质量可靠。认为社区超市商品质量可靠、比较可靠、非常可靠的居民占比达到 96%，仅有 4% 的居民认为社区超市商品质量比较不可靠，没有居民认为社区超市商品质量不可靠。

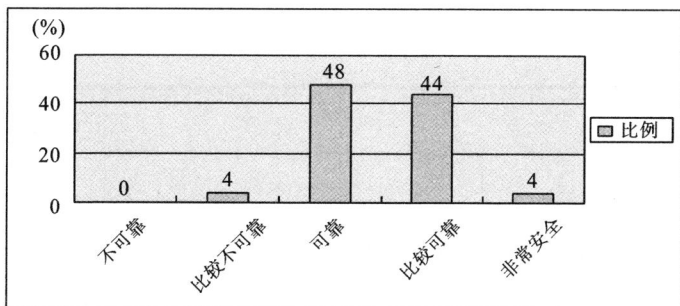

图9　社区超市商品质量满意度调查情况

③社区美容美发产品安全满意度。80%的居认为社区的美容美发产品是安全的，20%的居民认为其比较不安全（见图10）。

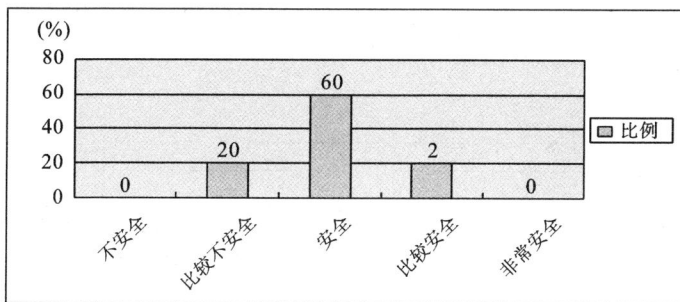

图10　社区美容美发产品安全满意度调查情况

④社区蔬菜、肉类、水果产品安全满意度。没有居民认为蔬菜、肉类、水果产品非常安全，认为比较安全的居民占了28%，认为安全的居民占了48%，认为比较不安全的居民占了20%，认为不安全的居民占了4%（见图11）。

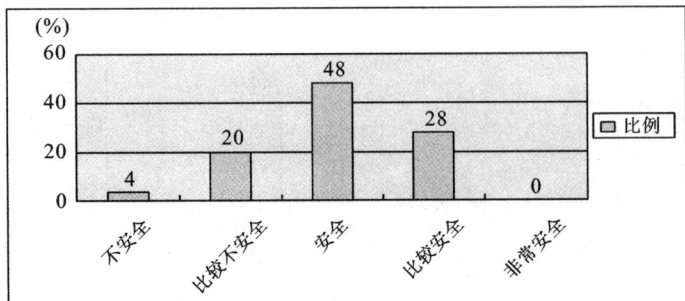

图 11　社区蔬菜、肉类、水果产品安全满意度调查情况

⑤社区商业员工进出社区安全满意度。对于社区商业员工进出社区，认为非常安全的居民占了 12%，认为比较安全的居民占了 24%，认为安全的居民占了 44%，认为比较不安全的居民占了 16%，认为不安全的居民占了 4%（见图 12）。与其他项目的满意度相比，这个项目的满意度显示出的情况不容乐观。这意味着社区应加强小区的安保工作。

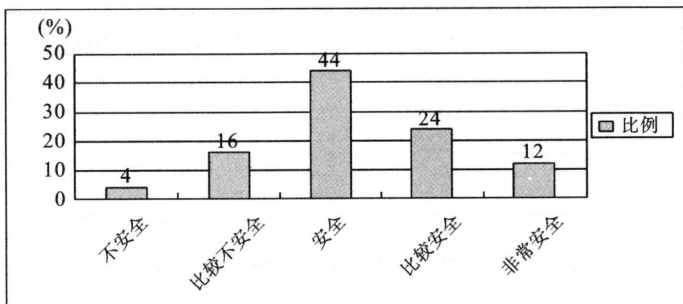

图 12　社区商业员工进出社区安全满意度调查情况

（3）社区商业健康性满意度。

①社区公共卫生满意度。居民对本社区公共卫生满意度呈现总体满意的特征，认为非常满意的居民占了 4%，认为比较满意的居民占了 24%，认为满意的居民占了 40%，认为

比较不满意的居民占了32%，没有认为不满意的居民（见图13）。一些居民认为影响社区公共卫生满意度的主要因素是清洁不到位、绿化面积过低、小摊贩过多、公共厕所的卫生维护力度不够。

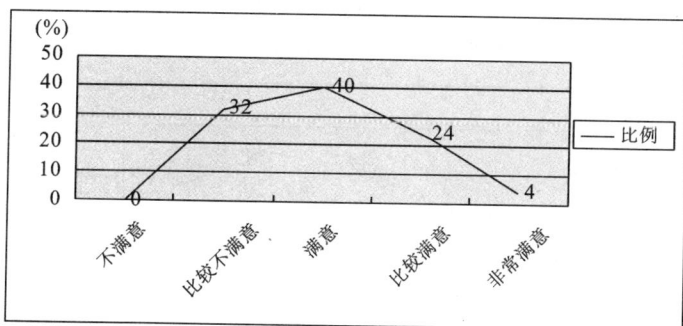

图13　社区公共卫生满意度调查情况

②社区经营场所噪音控制满意度。对社区经营场所噪音控制情况，没有居民表示非常满意，认为比较满意的居民占了28%，认为满意的居民占了40%，认为比较不满意的居民占了28%，认为不满意的居民占了4%（见图14）。居民普遍认为，麻将喧闹、汽车鸣笛、音响音乐、广场舞曲等音源是影响居民日常生活的主要经营场所噪音。

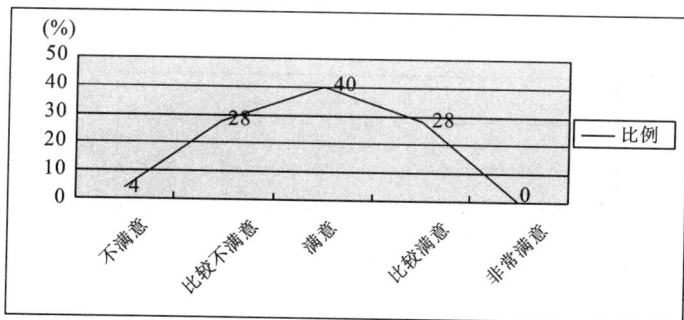

图14　社区经营场所噪音控制满意度调查情况

③社区经营场所气味满意度。对社区经营场所周围散发气味的情况，表示非常满意居民占了32%，认为比较满意的居民占了48%，认为满意的居民占了40%，认为比较不满意的居民占了20%，没有居民感到不满意（见图15）。感到比较不满意居民认为，烧烤气味、腐烂蔬菜和水果气味、生活垃圾气味已经影响到了他们的日常生活。

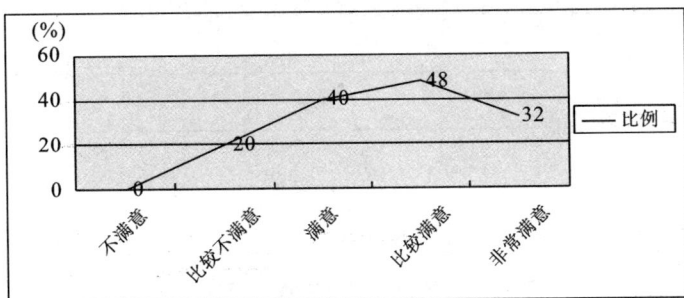

图 15　社区经营场所气味满意度调查情况

（4）社区商业舒适性满意度。

①社区商业经营环境满意度。对此，没有居民表示非常满意，认为比较满意的居民占了48%，认为满意的居民占了48%，认为比较不满意的居民占了4%，没有居民感到不满意（见图16）。这反映出该社区商业经营场所内部环境的维护还是比较到位的，社区商业经营环境让居民基本满意。

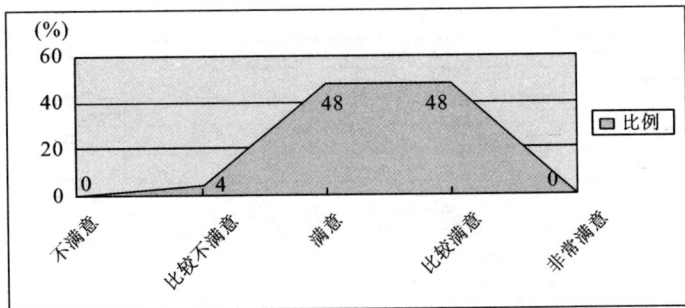

图 16　社区商业经营环境满意度调查情况

②社区商业经营人员服务态度满意度。对此，表示非常满意的居民占了 6%，认为比较满意的居民占了 42%，认为满意的居民占 48%，认为比较不满意的居民占了 4%，没有居民感到不满意（见图 17）。

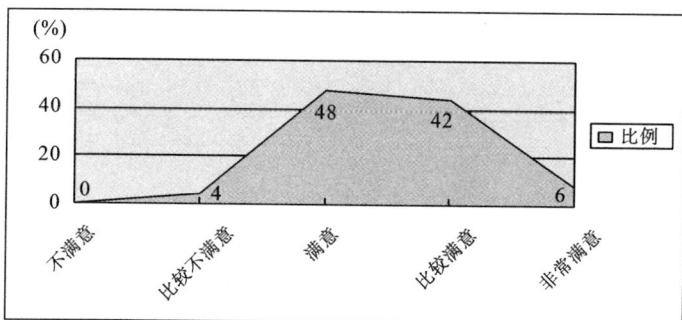

图 17 社区商业经营人员服务态度调查情况

③社区商业便民设施安置满意度。对此，表示非常满意的居民占了 8%，认为比较满意的居民占了 24%，认为满意的居民占了 52%，认为比较不满意的居民占了 16%，没有居民感到不满意（见图 18）。

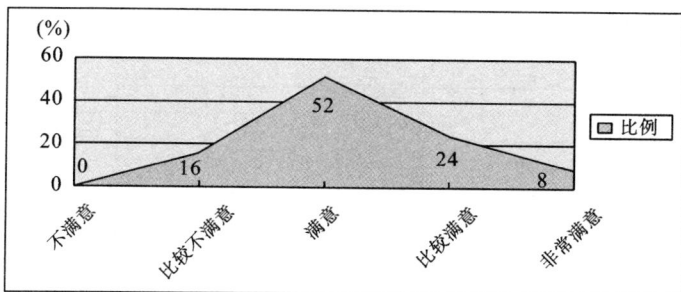

图 18 社区商业便民设施安置满意度调查情况

（5）社区商业选择性满意度。

①社区商业产品、服务满意度。对此，表示非常满意的

居民占了 8%，认为比较满意的居民占了 40%，认为满意的居民占了 44%，认为比较不满意的居民占了 8%，没有居民感到不满意（见图 19）。

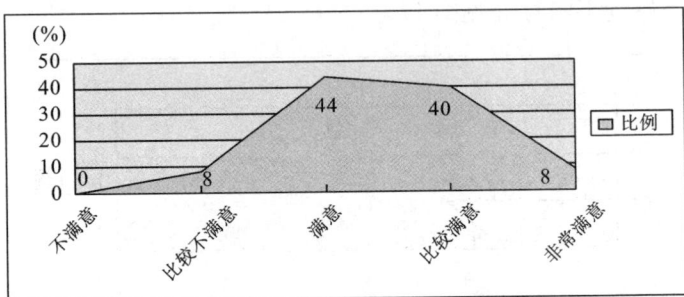

图 19　社区商业产品、服务满意度调查情况

②社区商业选择性满意度。对此表示非常满意的居民占了 8%，认为比较满意的居民占了 28%，认为满意的居民占了 44%，认为比较不满意的居民占了 16%，认为不满意的居民占了 4%（见图 20）。感到比较不满意与不满意的居民占比达到 20%，反映了该社区商业选择性较差，业态业种结构还需进一步优化。

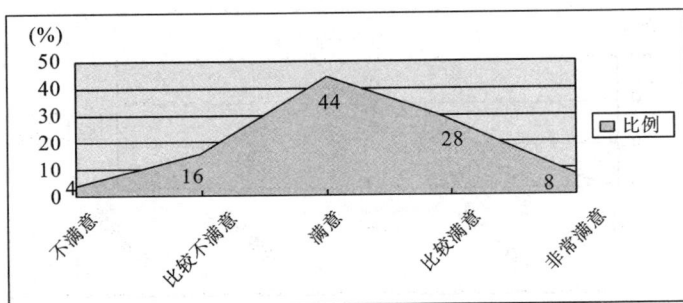

图 20　社区商业选择性满意度调查情况

③社区商业多样性满意度。对此，表示非常满意的居民占了 4%，认为比较满意的居民占了 36%，认为满意的居民

占了 40%，认为比较不满意的居民占了 20%，没有居民感到不满意（见图 21）。

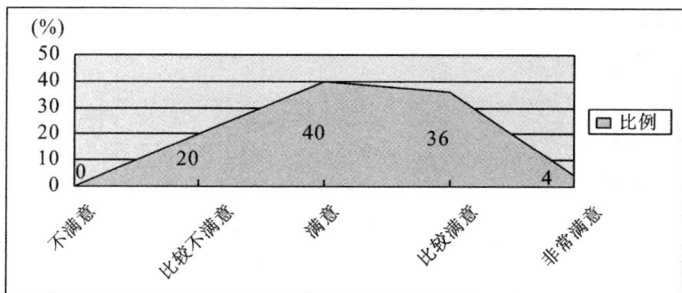

图21　社区商业多样性满意度调查情况

（6）社区商业经济性满意度

①社区商业总体经营档次满意度。对此，没有居民感到非常满意，认为比较满意的居民占了 52%，认为满意的居民占了 28%，认为比较不满意的居民占了 20%，认为居民感到不满意（见图 22）。

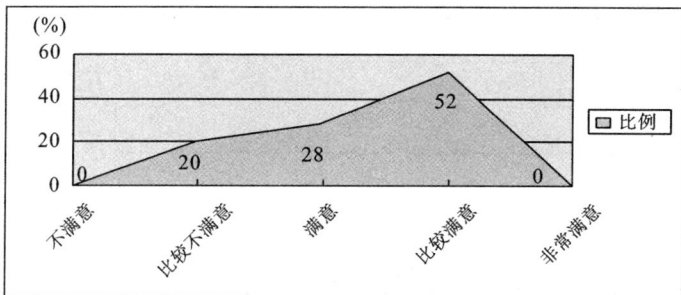

图22　社区商业总体经营档次满意度调查情况

②社区商业提升社区总体形象满意度。对此，感到非常满意居民占了 4%，认为比较满意的居民占了 24%，认为满意的居民占了 48%，认为比较不满意的居民占了 20%，认为不满意居民占了 4%（见图 23）。感到不满意的居民表示由于

社区商业普遍采用传统经营模式，连锁化、高档化、智能化
程度不高，导致对社区总体形象提升能力弱。

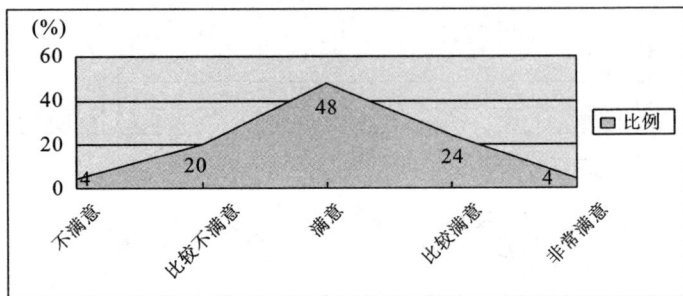

图 23　社区商业提升社区总体形象满意度调查情况

③社区商业提升社区房地产价值满意度。对此，没有居
民感到非常满意，认为比较满意的居民占了 56%，认为满意
的居民占了 24%，认为比较不满意的居民占 20%，没有居民
感到不满意（见图 24）。

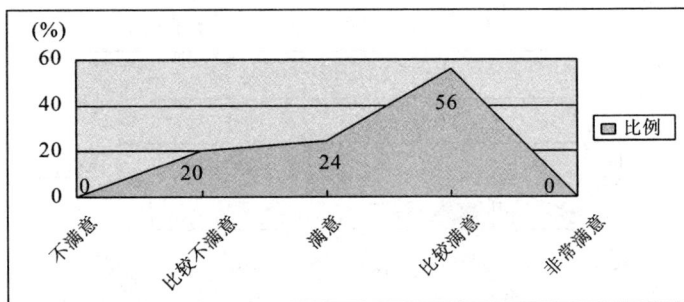

图 24　社区商业提升社区房地产价值满意度调查情况

在调研过程是，社区居民普遍提到目前亟须解决的一些
问题，包括：周边的环境不够完善，小摊贩太多，没有合理
规划管理，噪音太大；烧烤味道太重，影响到居民的正常生
活；物业管理不够完善，医院太远，不利于居民看病；绿化
不到位，环境需要改善；小区通信信号不太好；购物选择性

小，价格昂贵；交通秩序不健全（车辆乱停现象严重）；生活配套设施不完善，居民素质不高；社区商业经营档次需要提高，商品的多样性需要增加。

四、骏逸新视界城市便民商圈发展建议

1. 以人为本，便民利民

发展社区商业要坚持顺应民心、体现民情、满足民需，逐步做到居民日常生活消费在社区内实现，使社区商业建设成为一项解决实际问题和为群众办实事、办好事的工作。

2. 建立规范的管理制度

从调查问卷的结果来看，被调查者对于社区商业发展存在的问题都提出了自己的意见和建议，认为周边烧烤的异味、严重的乱停车现象、噪声过大等诸多问题都源于管理不善。社区居委会、社区物业、街道城管等相关单位应明确各自的职责，加强对群众反映出的问题进行治理。

3. 完善社区的公共便民设施

在我们的调查过程中，多名居民反映该便民商圈的配套设施不完善，比如医院、菜市场数量不足的问题。有居民反映该便民商圈附近有一家医院，但是排队挂号需要很长时间，而且下班较早，对于社区居民的就医有很大影响。这也是很多人对于社区满意度较低的因素之一。此外，菜市场的建设也很不完善，只是由十几个小摊贩构成，不算规范的菜市场，再加上现场脏乱，让居民心存不安。

4. 增加必备型业态和选择型业态

我们通过走访和调查了解到，骏逸新视界城市便民商圈缺少标准化菜市场类和家政服务类两种必备型业态。这两种业态不仅是方便居民日常生活的需要，也是现代便民商圈发展进步的重要体现。同时，该便民商圈还缺少一些选择型业态，如再生资源回收类。再生资源的回收不仅使资源得到重

复利用，更是社会可持续发展的重要一环。家庭和社区作为社会组成的细胞，理应将资源回收类业态作为规划重点之一。

5. 充分发挥规划的调控功能

社区商业建设要坚持政府引导与市场调节相结合，大力培育社区商业龙头企业，积极引导发展社区连锁门店，逐步形成政府引导、企业投入、市场运作、社会参与的发展机制。此项工作要重点抓好网点规划建设，做好业态招商引导管理，重点配置满足社区居民生活基本需求的必备型业态，确保人民群众满意。

参考文献

［1］郑懿. 新建50个社区便民商圈 重庆加强城市商业设施建设［EB/OL］.（2014-01-14）［2017-08-08］. http:/cq.cqnews.net/html/2014-01/14/content_29432984.html.

［2］张琴. 九龙坡：加快社区便民商圈建设 打造家门口的社区便民服务［N］. 重庆日报，2014-08-21.

重庆市南岸区海棠溪街道学府社区商业调研报告

关美荧　　马凌云　　鲁恩骏男[*]

调研时间：2015 年 4 月至 2015 年 9 月
调研地点：重庆市南岸区海棠溪街道学府社区
调研方法：问卷调查法

一、海棠溪街道学府社区商业发展基本情况

海棠溪街道学府社区共有居民 11 013 户，总人口达 40 262 人，社区总面积 1.5 平方千米。2013 年，海棠溪街道学府社区批发零售业实现销售总额 12 亿元，同比增长 3.3%；社会消费品零售总额 13 亿元，同比增长 2.3%。社区商业网点面积达到 28 万平方米。

海棠溪街道学府社区发展已初具规模，社区规模与配套商业设施相对均衡。截至 2013 年年底，社区商业网点数达到 5 个，社区商业网点总面积为 28 万平方米。2013 年，海棠溪街道学府社区必备型业态种类达到 20 种。但海棠溪街道仍有部分社区缺少必备型业态，其中 2 个社区缺少肉菜店，3 个社区缺少家政企业，5 个社区缺少代收代缴点。其余社区的

---

[*] 重庆工商大学贸易与经济专业关美荧、马凌云、鲁恩骏男。

商业必备型业态均完备。从网点数量与经营面积看，餐饮、综合超市、便利店业态相对集中，而其他类业态分散，说明业态散乱现象突出。截至 2013 年年底，海棠溪街道学府路社区已成功创建市级社区商业示范点 1 个。

二、重庆市南岸区海棠溪街道学府社区便民商圈发展现状

南岸区海棠溪街道学府社区发展现状如表 1 所示。

表 1　　　　　　　　重庆市便民商圈概述

海棠溪街道学府社区便民商圈	服务半径（米）	服务人口（人）	商业面积（万平方米）	人均商业面积（平方米）	网点数量（个）	业态数	连锁比重（%）	商业属性	商业形态	建成时间	市级、国家级
	1 500	40 262	2.8	0.7	172	23	25	内向型	组团式	2001 年	市级

数据来源：街道提供资料与实地调研数据整合得出。

（1）商业边界。海棠溪街道学府社中心位于区回龙湾，辐射边界东至龙脊山，西至中治，南至六千米，北至四千米。商圈核心区域由回龙湾小区、兰湖天小区环绕组成。回龙湾便民商圈服务半径 1 500 米，服务人口约 4 万人。

（2）商圈环境。人文方面，该商圈周围分布有较多的学校，如重庆工商大学、重庆第二师范学院、110 中学等，具有浓厚的学术气息。交通方面，轻轨三号线由此经过，还有 466 路、236 路公交车等，交通十分便利。绿化方面，商圈内绿化环境较差，植被稀少。小区方面，该商圈辐射范围内有学府苑小区、山水长天小区等 4 个小区。

（3）商业定位。该商圈以为周边的居民、学生提供休闲娱乐服务为目的，是集零售、餐饮、旅游等服务于一体的综合商圈。

（4）商业属性。商业属性为内向型。

（5）商业形态。商业形态呈组团式分布，主要分布在回

龙湾。

（6）服务人群特点。服务人群以学生、青年、白领为主，具有年轻化的特点。

（7）商业面积。核心商圈的总面积达3万平方米，其中必备型业态的占比为54%。

表2 业态种类情况分析

业态	网点数量（个）	经营面积（平方米）	面积占比（%）
综合超市类	7	3 500	11.6
菜市场类	1	1 000	3.3
餐饮类	83	12 000	39.6
家政服务类	2	300	1.0
美容美发类	10	1 300	4.3
药店类	4	750	2.5
洗衣类	2	300	1.0
代收代送类	8	900	3.0
便利店类	32	3 200	10.6
回收类	5	2 000	6.6
娱乐休闲类	18	5 000	16.5

数据来源：经实地调研得出。

学府社区便民商圈内包括必备型业态共10种，网点合计157个；选择型业态13种，网点合计15个，用于满足居民多样化的消费需求。综合超市类7个，面积在200平方米以上，按照服务半径600米配置，分布在学府大道、兰花路、回龙路、海棠溪街道等社区主干道上。标准化菜市场1个，按照服务半径500米配置，位置在回龙路。社区有30个以上便民类商店及中小超市，均匀分布在社区内部，按照服务半径 200 米配置。80 个以上餐饮店，按照服务半径 100 米配置。洗衣、家电维修、药店、再生资源回收、金融服务、便民服务项目等业态种类每种 2~10 个网点，按照服务半径 300 米配置。

便民商圈的营业收入约为每月 2 亿元，从业人员 1 000 人以上，居民满意程度达到 95% 以上。

社区商家具体资料如表 3 所示。

表 3　　　　　　　　　社区商家具体资料

序号	店铺名称	营业面积（平方米）	营业人数（人）	是否连锁
1	华生园蛋糕	40	3	是
2	天友乳业	40	3	否
3	昌野药房	40	2	否
4	老麻抄手	40	4	否
5	炸酱面	40	4	否
6	伊缘餐厅	80	5	否
7	心意花店	20	2	否
8	乔乔网吧	200	6	否
9	壹世榕泰	6 000	30	是
10	乡村基	200	12	是
11	烨烨网络会所	220	8	否
12	移动通信	8	1	是
13	平价水果	8	1	否
14	喜洋洋面庄	16	4	否
15	美人西餐厅	70	6	否
16	闲栈网吧	300	6	否
17	奶牛梦工厂	3	1	是

表3（续）

序号	店铺名称	营业面积（平方米）	营业人数（人）	是否连锁
18	可购	90	2	是
19	美丽符号	50	8	是
20	老厂长火锅	70	6	否
21	香中乐串串香	80	7	否
22	琦发造型	70	6	是
23	天津灌汤包	35	3	否
24	美客美味	50	3	否
25	黄金身段	20	2	否
26	意臣造型	65	6	是
27	大连水饺	30	5	否
28	特色脆皮鸡			是
29	乱啤财烧烤	700	20	否
30	知味脆皮鸡			否
31	香中香串串			否
32	球元素	300	7	否
33	田甜广告图文	80	5	否
34	龙液酸汤鱼府	80	6	否
35	再就业工程	12	6	否
36	老四川茶楼火锅	300	15	是
37	烧鹅王	3	1	否
38	荷叶饭	40	3	否
39	华莱士	60	4	是
40	程师傅牛肉面	70	3	否
41	宏扬烟酒	40	2	否

表3（续）

序号	店铺名称	营业面积（平方米）	营业人数（人）	是否连锁
42	干部老火锅	80	10	否
43	蜀西肥牛	100	10	否
44	这个味干锅烤鱼	200	20	否
45	海鲜味勇超市	120	15	否
46	上九门老火锅	90	12	否
47	奔跑吧猪头虾	70	8	否
48	签味王串串香	40	5	否
49	小丫韩国烤肉	110	4	否
50	矿火锅	100	10	否
51	回龙老砂锅	85	7	否
52	新疆大盘鸡	50	4	否
53	包粥坊	30	2	否
54	金钢米线	20	2	否
55	新疆沙湾大盘鸡	40	4	否
56	金剪刀	60	5	否
57	咱家东北菜	110	10	否
58	体育福利彩票	30	2	是
59	三胖纸上烤鱼	110	5	否
60	中韩烤肉馆	115	8	否
61	大锅菜	200	15	否
62	至爱网咖	250	7	否
63	德庄火锅	300	17	是
64	老社长火锅	200	15	否
65	雅丽门窗有限公司	100	6	否

表3(续)

序号	店铺名称	营业面积 (平方米)	营业人数 (人)	是否连锁
66	即来大排档	50	4	否
67	刘氏面庄	30	4	否
68	根据地火锅	120	15	否
69	刀削面庄	15	3	否
70	诚信烟酒行	5	2	否
71	学府医院	—	—	—
72	YUMEI	30	2	否
73	衣香丽影	40	3	否
74	秋水伊人	40	3	否
75	万里雪百货	200	5	否
76	直通车眼镜店	105	7	否
77	洪川眼镜	60	4	否
78	诗丽奥	40	5	否
79	波司登男装	45	3	否
80	FV	40	2	否

数据来源:经实地调研数据得出。

表3为主营业态店铺统计数据,调研小组选取了社区主干道周边的80家商铺进行了简单的数据统计。商铺业态种类大致集中在餐饮类、娱乐休闲类、便利店类三大类。经营面积平均约为160平方米。店铺内营业人员根据业态种类不同,有3~15人不等。其中连锁经营占比约为17.5%,餐饮类连锁占绝大多数。

三、海棠溪街道学府社区商业存在的问题

1. 定位问题

问题一：业种重复度高，业态种类过少，提供的服务不够丰富。

在一些缺少统一经营管理的商业街，小业主为了追逐租金收益最大化，纷纷选择将房产租赁给承租能力较强的地产中介、餐饮店等业态，因此出现了一些业态，如中介、餐饮等在社区商业中心扎堆经营的现象。例如，回龙湾出现了餐饮一条街。这些单一的业态过于集中，不利于社区商业配套服务的完善。

问题二：社区商业经营无序，严重影响社区品质。

多数社区商业街采用店铺出售方式，购买商铺的小业主多数并非商业经营者，其购买商铺的目的就是伺机高价抛售或租赁给出价高的商家，并不考虑后者的品牌实力、服务内容是否与市场需求和社区品位对应。在遭遇投机心态下的短期行为后，社区商业常常会出现经营的后果，使社区商业徘徊在低品位的状态下，不利于提升社区品质和形象。

问题三：社区餐饮消费需求量大与餐饮污染矛盾突出。

在社区商业中，餐饮消费需求量相当大，占社区商业中的较高比例，各类餐饮店也纷纷抢驻社区商业中心。但餐饮店尤其是中餐店，也给社区生活带来诸多负面影响。

关于餐饮店对社区的负面影响，首先是给社区带来各种污染，主要包括含油污水、洗涤废水等对水体的污染；厨房油烟、发电机废气、热气等对空气的污染；抽风机、发电机、炒菜声、空调及其他高噪声设备产生的噪声污染。这些污染影响了社区居民正常生活，给社区居民带来诸多不便。

社区餐饮还存在着消防隐患。餐饮店、酒楼内部经常堆有为数不少的煤气瓶罐，同时又有油烟等排放出大量的热量，

一旦发生火灾，后果将不堪设想。

由此可见，社区餐饮需求与餐饮污染之间出现矛盾。一方面，居民担心酒肆茶楼离居住区太近而严重干扰生活；另一方面，居民又抱怨社区内没有餐饮店而给生活带来不便。

2. 装饰问题

问题一：广告位杂乱，对住宅小区的档次提升带来了负面的影响。

广告位的杂乱设置，不仅会影响社区商业的氛围，而且较大程度地影响住宅小区的品质和档次提升。

问题二：外墙装饰简单，延续住宅的风格，缺少商业氛围及亲和力。

很多社区商业外墙装饰不到位。开发商一方面为简单省事，不对商业部分的外墙进行单独设计；另一方面也想保持住宅整体风格，因此只是简单延续住宅小区的风格。

3. 配套问题

问题一：社区烟道、上下水、环保、卫生、消防等配套设施不完善，影响商铺租售。

目前有很多社区商业都弄错了程序，大多是先建设再规划，而最后才策划。建筑设计单位大都以设计住宅为主，对商业部分重视不够，甚至严重缺乏商业项目设计经验。

问题二：社区商业广场过于简陋，无法为居民提供休闲购物的环境，更无法满足居民对交流场所的要求。

社区商业广场仅仅是一个单纯的露天广场，连绿化都没有，更不用说喷泉、休闲座椅和游乐设施，无法为社区居民提供良好的购物环境，从而缩短了消费者在社区商业广场逗留的时间，也降低了消费者的消费欲望，更无法满足居民对情感交流场所的需求。

4. 经营管理问题

问题一：经营中的安全隐患。

目前，一些社区商业尚处于传统开发期，在商品质量、服务质量、从业人员的职业道德和业务素质等方面已经不能满足居民当前的消费需求。有些社区商业与居民居住区相混杂，饭店的油烟超标、修理铺的噪声等问题严重影响了居民生活，造成大量的治安和环境隐患，严重破坏了社区环境。

问题二：后期经营管理比较混乱。

大多商户各自为政。社区商业的商铺分割销售后，很多都是由业主自行招商，对业态定位没有统一要求。哪个商家愿意租就租给谁，经营管理比较混乱。开发商也没有专门对其进行统一管理。

问题三：只有物业管理，没有经营推广，个别社区甚至没有物业管理。

部分社区商业铺位出售之后，经营管理公司基本上只负责物业管理，几乎没有进行后期的经营活动推广。这种经营管理的严重缺失，导致社区商业基本处于放任自流、自生自灭的状态。有些社区的物业管理公司甚至连最基本的物业清洁、修理等日常工作都做得不到位。

四、解决方案

1. 合理规划建设社区商业

政府应切实发挥社区商业规划的调控作用，合理布局与城市经济社会发展水平、消费层次等相适应的社区商业设施，加快实现与"宜居重庆"目标相符合的社区商业布局。政府应结合旧城改造和违章建筑拆除，调整和完善社区商业网点布局。社区商业面积总量应与住宅总量、人口规模相适应，与未来发展相协调。社区商业设施应以独立、集中设置为主，采取相对集中或集中与适当分散相结合的方式，合理布局在地理位置适中、交通便利、人流相对集中的区域，实现商住相对分离、商业相对集中，提高资源利用率。政府应推进商业、卫生、文化等社区公共设施一体化建设。

2. 推进社区商业科学配置

社区商业配置要突出便利性、规范性和科学性，适度超前，避免浪费。政府应加快建立社区商业建设的标准体系，不断完善社区商业配置标准。政府应合理划分社区商业中心、居住小区商业、街坊商业，并按照有关标准完善业态配置，逐步形成布局合理、业态齐全、功能完善、商居和谐的社区商业环境，提高居住区的宜居水平。政府应按照政府主导、适当支持的原则，以保障居民日常基本生活需要为根本，重点抓好基础性必备型业态配置。选择型业态的配置主要由企业主导，实行政府引导与市场机制配置相结合的方式，根据社区特点和消费需要，调整和优化结构，提高社区商业的覆盖率和居民满意度。

3. 大力建设社区商业中心

政府应结合旧城改造，重点选择人口密集、规模适宜、交通便捷的大型居住区，加快改造建设一批社区商业中心，达到服务半径为500~1 000米商业设施覆盖率的要求，切实改善居民生活质量。社区商业中心应结合交通枢纽、沿居住区主要道路，以组团式为主、沿街式为辅布局，以新型社区购物中心为核心，建设发展融合各种新型业态、各种服务功能的现代化社区商业，成为集商业、休闲、文化等功能于一体的居民生活中心。政府应依靠各方力量，吸引多元资本，鼓励大型商业集团参与社区商业网点的建设开发和经营管理。

4. 加快发展社区居民服务业

政府应实施"家政服务工程"，开展行业培训和技能竞赛，推进标准化建设，促进居民服务业规范发展、上档升级。政府应引导企业争创驰名商标和著名商标，推进行业品牌化发展，培育一批具有成长前景的大中型品牌企业，带动居民服务业又好又快发展。政府应以社区商业"双进工程"为载体，支持有实力、有规模、信誉好的品牌企业到城市社区通过发展直营、收购兼并、特许加盟等多种形式整合分散的社区商业资源，规范社区小型门店；支持和引导再生资源回收类的龙头企业进社区，建立统一规范的再生资源回收体系；支持创办社区居民服务业微型企业，鼓励微型企业和现有社区经营者加盟品牌企业，开设社区商业服务网点，不断提高社区商业连锁经营比重和行业整体水平。

5. 创新社区商业服务体系

政府应支持有条件的品牌企业利用现代信息技术建立面向社区商业网点的物流配送中心，帮助社区商业经营者实现服务模式创新。政府应鼓励品牌企业建立客户需求信息系统，发展网上交易、网上服务和送货上门、送餐上门、修理上门服务，延伸服务功能，提高服务水平。社区商业应大力发展先进经营方式，积极引进先进业态，不断创新新型业态；开展"绿色消费社区"活动，按照食品安全监管原则，加大食品安全监管力度，推动放心食品进社区，提高社区食品安全水平。政府应发挥街道、社区和行业协会的作用，探索建立社区商业管理制度和行业准入公约，加强监督管理，促进社区商业健康有序发展。

重庆市渝北区龙湖社区
商业调研报告

刘月娇　　冯小雪　　曹　芳[*]

调研时间：2015 年 1 月至 2015 年 4 月
调研地点：重庆市渝北区龙湖社区
调研方法：问卷调查法

一、重庆市渝北区商业发展基本情况

渝北区位于重庆市主城区北部，是 1994 年 12 月 17 日经国务院批准，在撤销原江北县建制基础上设立的新区。渝北区东邻长寿区，南与江北区毗邻，同巴南区、南岸区、沙坪坝区隔江相望，西连北碚区、合川区，北接四川省广安市华蓥市。截至 2013 年年底，渝北区面积为 1 452 平方千米，辖 10 条街道、11 个镇；常住人口为 146.52 万人。

2013 年，渝北区实现商品销售总额 883.2 亿元，同比增长 21.4%；实现社会消费品零售总额 387.7 亿元，同比增长 13.9%。

目前，渝北区社区商业发展已初具规模，社区数量与配套商业设施相对均衡。2014 年，渝北区共有社区商业网点

---

* 重庆工商大学会展经济专业刘月娇、冯小雪、曹芳。

17 560 个，社区商业网点总面积为 157 万平方米。其中，社区商业必备型业态种类达到 16 种。同时，渝北区仍有部分社区缺少必备型业态。其中，10 个社区缺少肉菜店，30 个社区缺少家政企业，40 个社区缺少代收代缴点。其余社区商业必备型业态均较完备。从网点数量与经营面积看，渝北区的餐饮、综合超市、便利店等业态相对集中；而其他业态分散，说明业态散乱现象较突出。截至 2014 年年末，渝北区有国家级商业示范社区 4 个，市级商业示范社区 8 个，新建社区便民商圈 7 个。

二、重庆市渝北区龙湖社区城市便民商圈现状

龙湖社区地理位置优越，交通便捷。机场高速公路、龙华大道、新南路等城市主干道横穿社区而过。社区内部有公交始发线路近 10 条，各小区居民出行方便。社区距渝中半岛 4 千米、江北机场 16 千米、重庆火车北站 3 千米。轻轨 3 号线在社区内设有车站。社区内有龙湖花园等高档住宅小区。2006 年 8 月，在渝中区委、区政府的大力支持，街道、社区积极行动，因地制宜，科学规划，创造了靓丽、整洁、优美的社区环境，进一步完善了城市功能。日新月异的城市建设使龙湖社区成为通信发达、设施完善、环境优美的现代化新型社区。2008 年，龙湖社区获得"市级文明社区"荣誉称号。2011 年，龙湖社区成功创建全国文明社区。龙湖社区先后获得全国商业示范社区、市级文明单位、区级学习型社区、和谐社区、充分就业社区、"五美"社区等称号。

1. 龙湖社区城市便民商圈概述

龙湖社区便民商圈基本情况如表 1 所示。

表1　　　　　　　　基本情况

范围		服务人口（万人）	商业面积（万平方米）	人均商业面积（平方米）	网点个数（个）
龙湖社区便民商圈	以创世纪宾馆为中心，辐射边界东至红锦大道、松牌路，西至龙华大道，南至天一桂湖、新牌坊三路，北至龙湖花苑南苑	1.7	13.3	7.82	842
	业态（种）数量（个）	连锁比重（%）	商业属性	商业形态	建成时间	国家级、市级
	20	44.15	中间型	沿街式	2000 年	国家级

数据来源：结合居委会提供的数据与实地走访得出。

（1）商圈边界。龙湖社区便民商圈以创世纪宾馆为中心，辐射边界东至红锦大道、松牌路，西至龙华大道，南至天一桂湖、新牌坊三路，北至龙湖花苑南苑。商圈核心区域由新南路、新牌坊三路、松牌路环绕组成。龙湖社区便民商圈服务半径约 1 500 米，服务人口约 1.7 万人。

（2）商圈环境。龙湖社区现有龙湖花园等 27 个物业，常住人口 1.7 万人。社区内共有 6 296 户居民，118 幢居民楼。社区内有重庆市人力资源和社会保障局、重庆市人民检察院第一分院、重庆市水利局、重庆市警卫局、重庆市道路运输管理局、重庆市公路局、重庆市统计局及国家统计局重庆调查总队等单位和中央驻渝机构——新华社重庆分社。社区内有公立学校 1 所、幼儿园 4 所、大型农贸市场 2 个、综合超市 2 个、社区服务所 1 个。交通方面，社区临近轻轨三号线，公交车停靠站点较多，交通便利。环境方面，社区完善道路路面 75 000 平方米，植树绿化 568 棵，街面干净宽阔。社区内的居民素质较高，治安良好，人际关系和谐。

（3）商业定位。龙湖社区自建成以来，以"便民、利民、为民"为出发点，以满足和促进居民综合消费为目标不断发展，如今已成为集政治、金融、购物、餐饮、娱乐等多功能于一体的，具备一定辐射能力的城市商圈。从发展的定位来看，龙湖社区的发展大致可分为三个运营部分：最主要部分是满足社区居民日常所需的基本商业配置，如天宇农贸市场及众多便利店等；其次是以某一个消费层或某一个商品结构、收入阶段为区分的带有专业性质的商业，如给龙湖社区带来最大经济效益的汽车4S店；最后是购物中心运营部，主要是5 000平方米以上的大卖场，如位于新南路的卜蜂莲花。

（4）商业属性。龙湖社区商业体量较大，商业氛围良好。商业的持续稳定经营，一方面依赖于本社区居民的需求，另一方面则依赖于来自周边的消费群体的消费。商业属性属于中间型。

（5）商业形态。龙湖社区街道布局简单，小区式居民楼大都分布在两街之间，这决定了社区的商业形态为沿街式。例如，在新南路、新牌坊一路以及二路街上分布着众多的店铺。

（6）服务人群特点。服务人群主要集中于中高端收入水平人群。由于居民大都文化程度较高、购买力较强，因此大多数消费者自主消费意识强、消费较理性、对生活质量与品质要求也较高。

（7）商业面积。龙湖社区商圈商业总面积达到13.3万平方米，人均商业面积7.82平方米。其中，必备型业态商业面积占46.31%，选择型业态商业面积占比高达53.7%。商圈集中商业面积在11万平方米以上。

2. 业态情况分析

龙湖社区有必备型业态5种，网点203个。社区居委会结合社区自身实际和居民需求，合理规划网点，不断完善商业服务功能，健全社区商业必备型业态，以达到社区便民商圈的最基本条件，真正实现"便民、利民、为民"的目标。

社区内有综合超市 2 个，营业面积在 25 000 平方米以上，约占社区商业总面积的 18.80%。超市按服务半径 2 000 米配置，分布在新南路和新牌坊三路，辐射整个社区，满足了社区居民在超市一站式购物的需求。社区内有便利店 6 个，总面积 195 平方米，按服务半径 300 米配置。社区内有食杂店共 55 个，按服务半径 300 米配置，满足了居民日常生活中的简单需求。社区内有 14 个专卖店，总面积为 520 平方米，约占社区商业总面积的 0.39%，主要是天友乳业、奶牛梦工厂等奶制品专卖店。社区内有专业店 126 个，面积大约为 11 963 平方米，面积占比约为 8.99%，这极大地丰富了社区居民的购物需求。

龙湖社区城市便民商圈业态情况如表 2 所示。

表 2　　　　龙湖社区城市便民商圈业态情况表

序号	业态	网点数量(个)	经营面积(平方米)	面积比(%)
1	综合超市类	2	25 000	18.80
2	便利店	6	195	0.15
3	食杂店	55	2 549	1.92
4	专业店	126	11 963	8.99
5	专卖店	14	520	0.39

资料来源：居委会提供初始数据，走访核查得最终数据。

3. 主要业种店铺分析

龙湖社区的商业业种类别较多，各个行业经济效益较好，营业面积近 13.3 万平方米，吸纳就业人口 1 万人，创造社区总体营业额近 36 亿元。其中，服务类网点效益最高，占总体营业额的 93.61%，高达 33.7 亿元左右，为龙湖社区的经济发展做出了巨大贡献。社区商业业种种类和数量较多，与典型的便民商圈的构造相符。社区餐饮类网点营业面积约 25 000 平方米，创造的经济效益也非常可观。社区超市类网点主要是大型超市卜蜂莲花和新世纪百货，总面积为 25 000 平方米，营业收入为 2 550 万元。社区的服饰类、美容美发类网点共约 120 个，分散分布在社区主要干道两侧，极大地便利了社区居民。社区的休闲娱乐场所总面积约为 10 831 平方米，提供的服务多种多样，使居民们工作劳累之后能够得到很好的放松。社区的卫生医疗类网点是便民商圈的必备业种，面积约 2 501 平方米，满足了社区居民的日常需求。社区便利店和食杂店 61 个，实现了 5 分钟到达便利店和食杂店的需求。社区的教育培训类、电子数码类网点也丰富了居民生活。

龙湖社区城市便民商圈主要业种店铺如表 3 所示。

表 3　　龙湖社区城市便民商圈主要业种店铺一览表

序号	业种类型	营业面积（平方米）	就业人数（人）	营业额（万元）	典型店铺名称
1	餐饮类	25 000	1 885	10 100	澳门豆捞、毛哥老鸭汤、武陵山珍、王家雅厨
2	肉菜市场类	3 600	240	3 500	天宇农贸市场、蔬菜肉店
3	超市类	25 002	1 100	2 550	卜蜂莲花、新世纪百货
4	服饰类	4 003	430	1 050	采轩服饰、双星服饰
5	文教类	1 194	112	479	晨光文具、轩华图文、鸿通图文制作
6	美容美发类	3 750	386	480	CK发艺、阿里郎发艺
7	休闲娱乐类	10 831	1 480	1 980	佛脚足道、龙泉洗浴中心、富桥保健
8	卫生医疗类	2 501	517	1 290	迪帮皮肤科医院、桐君阁药房、麦克药房
9	服务类	39 969	3 555	337 371	正典汽车销售、帮家家政
10	便利食杂店类	2 744	245	620	易可便利、天天便利店、副食店

表3(续)

序号	业种类型	营业面积（平方米）	就业人数（人）	营业额（万元）	典型店铺名称
11	教育培训类	9 074	80	475	三色幼儿园、昆仑驾校、天艺琴舍
12	电子数码	230	20	89	金铭数码、梦琪摄影

资料来源：根据龙溪街道办事处、龙湖社区居委会提供初始数据，通过走访一一确认并修改整理得到。

4. 市级社区商业示范网点分析

龙湖社区整体示范网点较多。例如，餐饮业的示范网点共27个，给其他社区和社区其他行业做出了表率，达到了较高的水平。休闲娱乐业示范网点达11个，说明龙湖社区的休闲娱乐业在各个方面得到了大多数居民的认可。但龙湖社区也存在许多不足。例如，家政企业规模较小，没有优秀示范点，洗衣企业示范较少。结合整个社区示范网点来看，龙湖社区示范网点在各个行业中的分布不均匀，有待改进。

龙湖社区城市便民商圈市级社区商业示范网点如表4所示。

表4　龙湖社区城市便民商圈市级社区商业示范网点情况表

序号	名称	数量（个）	名称
1	示范超市	1	卜蜂莲花超市
2	餐饮业示范网点	27	澳门豆捞等
3	住宿业示范网点	7	创世纪宾馆等
4	美发示范网点	5	狂领东尚等
5	服务类示范网点	5	跨越爱车港等
6	休闲娱乐示范网点	11	健身俱乐部等
7	服饰类示范网点	9	采轩服饰等

资料来源：龙溪街道办事处提供初始数据，通过走访一一确认并修改整理得到。

三、重庆市渝北区龙湖社区城市便民商圈满意度及主要问题

  我们本次调查的社区为重庆市渝北区龙湖社区，调查对象为龙湖社区居民，从性别、年龄分层、接受文化教育程度、家庭收入水平、职业等方面对调查对象进行分析，对社区商业的便利性、产品安全性、健康性、舒适性、选择性进行满意度调查。我们共发放调查问卷80份，其中有效问卷79份，问卷有效率为98.75%。通过本次调研分析，我们得知社区居民对社区商业的整体满意度为87%，表明社区居民对社区商业满意度较高，是对龙湖社区商业发展的肯定。通过本次调查分析，我们也发现了龙湖社区商业目前存在的问题。

  1. 龙湖社区居民基本情况分析

  我们通过对调查问卷的回收整理并分析，得知参与此次居民满意度的抽样调查对象中，男性人数为41人，占总数的52%；女性人数为38人，占总人数的48%，基本达到性别均衡。我们此次调查了五个年龄分层，其中年龄为20岁及以下的共11人，约占14%；年龄为21~30岁的共25人，约占32%；年龄为31~40岁的共14人，约占18%；年龄为41~50岁的共12人，约占15%；年龄为50岁以上的共17人，约占21%。此次调研中，人群文化程度主要分布在高中、大专以及本科学历，比例分别为24%、27%、32，高中以下学历的人群占13%，而研究生及以上学历的人数仅占4%，高学历的人较少。此次接受调查的人当中57%的家庭人均月收入在3 001~6 000元；23%的家庭人均月收入在6 001~9 000元；3 000元以下的也占有一定比例，约为14%，而家庭人均月收入在9 001元以上的占比为6%。由此可看出，该社区集中了中高端消费群体，贫富差距不大。

  从此次抽样调研中可看出，社区人员职业分布比较合理，

符合社区居民基本职业状况。龙湖社区的就业容量较大,行业领域较为丰富,其中单位一般员工比重较高,为35%,主要是由于社区政企单位较多。自由职业者所占比重也较高,为24%,其中大部分为个体户,居民收入水平较高。学生所占比重为13%,离退休人员所占比重为11%,其他未列出职业人员所占比重为9%,单位管理人员所占比重为8%。本次抽样调查对象里面没有从教人员(见图1)。

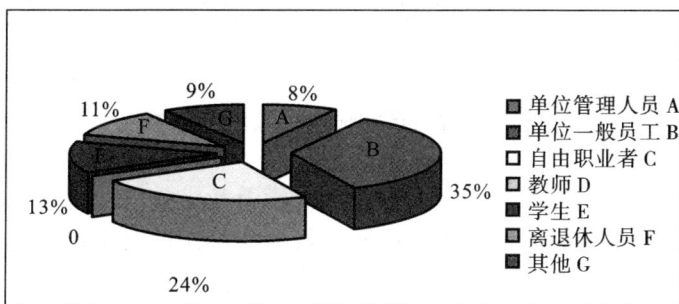

图1 被调查者职业分布比例

2. 龙湖社区城市便民商圈满意度分析

(1)社区居民便利性满意度分析。通过本次调研整理分析我们发现,就该社区商业的便利性而言,平均满意度达91.4%,社区商业在便利性方面表现较好。居民们最为满意的为休闲娱乐,满意度高达97%。龙湖社区拥有大量的茶馆、棋牌室等休闲娱乐场所,便利性较高。但休闲娱乐场所过于密集,又缺乏统一管理,对附近居民生活就造成了一定的影响。社区居民对美容、美发、健身的满意度为95%,餐饮方面的满意度为94%,存在问题较少。而就医方面就问题颇多,满意度为86%,主要是由于社区内医疗机构功能不完善,居民就医要去距离较远的大型医院,而大型医院常有的就医人数多,排队时间久等问题让人苦不堪言。购物便利性满意度最低,仅为85%,因为附近缺少大型菜市场,菜价又贵，部分居民只好选择乘车到南岸区买菜，造成一定困扰（见图2）。

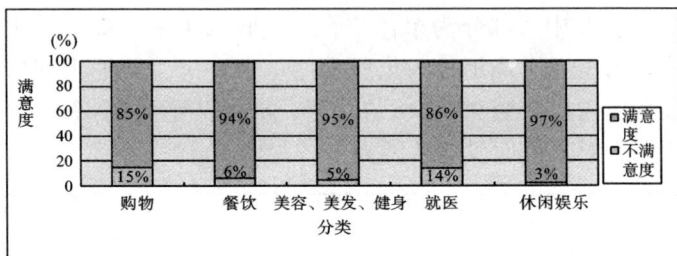

图2　龙湖社区商业便利性满意度分析

（2）社区商业产品安全性满意度分析。较之便利性满意度，社区商业产品安全满意度略低，社区居民对于产品安全性总体满意度约为80%。其中，满意度最低的为菜市场蔬菜水果一类产品，满意度约为71%，居民十分担心蔬菜水果类残留农药的危害。美容、美发类产品安全满意为77%，人们即使对美容、美发类产品不太了解，也会对其安全性持怀疑态度。餐饮类产品安全满意度为77%，部分人群觉得餐饮卫生不能令人完全信任。员工进出社区安全性满意度为80%，有些社区居民表示自家物业管理十分松懈，出现过被盗事件。产品安全中最让居民满意的为超市产品，其满意度为94%，大多数人对统一化管理的大型超市是十分信任的（见图3）。总体来说，居民有较强的安全意识，重视产品安全，但大多对社区商业产品安全持怀疑态度。政府应在社区商业发展的同时能够将产品安全置于首位，加强产品安全管理，尤其是食品安全，加强积极宣传，恢复居民对社区商业产品的信任。

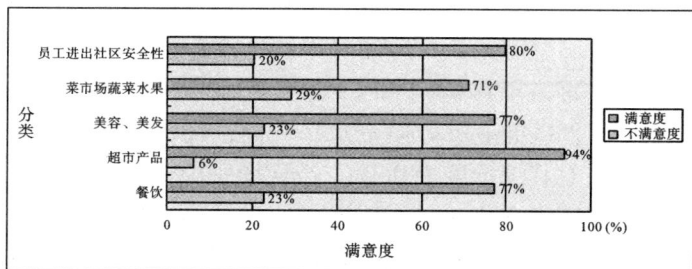

图3　龙湖社区商业产品安全性满意度分析

（3）社区商业健康性满意度分析。由图4可以看出，社区居民对社区商业健康性存在较多不满。社区居民对经营场所气味的满意度为75%，问题主要集中在餐饮油烟排放上。大量的餐饮业入驻社区，给居民生活带来便利的同时，也带来了很大的油烟气味问题。社区居民对经营场所噪音的满意度为67%，主要由于汽车噪音、装修噪音和大量就餐人员喧闹，夜间来往车辆多，影响居民正常休息。此外，社区有经常从晚上开始持续到凌晨两点的烧烤夜市，这些烧烤摊常常临街而设，烧烤摊上的划拳声、嬉闹声自然会影响居民休息及第二天正常工作，大大降低了居民的生活质量。社区居民对公共卫生的满意度为84%，问题也集中在餐饮业，尤其是无人管理的夜间烧烤，总会遗留大量垃圾。

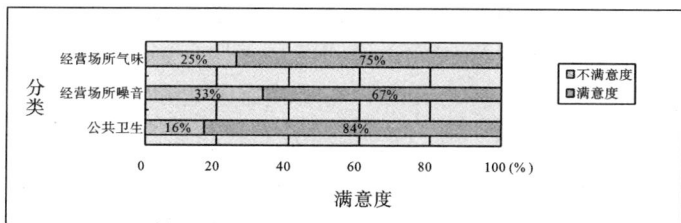

图4　龙湖社区健康性满意度分析

（4）社区商业舒适性满意度分析。从社区居民对于龙湖社区舒适度满意度来看，居民对于社区商业舒适度给予了高度的肯定，每一项均达到95%以上，总体满意度约为96%。这说明龙湖社区商业整体质量水平较高，经营人员服务态度较好，居民对其满意度为96%。经营场所内部环境较好，居民对其满意度也高达96%。居民对便民设施安置情况的满意度为95%，社区建设较完善，银行数量多、公共健身器材充足、道路建设完善，能够较好地满足居民基本生活需求（见图5）。

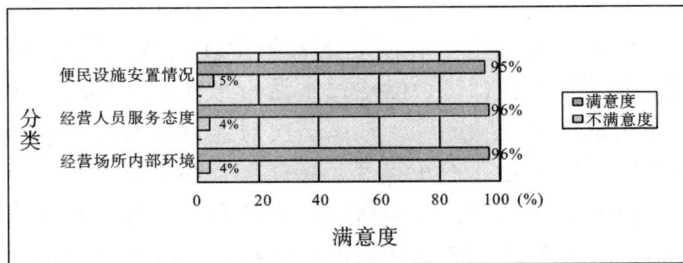

图5　龙湖社区舒适度满意度分析

（5）社区商业选择性满意度分析。居民对社区商业选择性总体满意度为92%。居民对社区商业产品的可选择性还是非常满意的。其中，满意度最高的是对于产品、服务对日常需求的满足，达到了96%，说明产品、服务能较好满足居民总体日常生活需求。购买同一商品或服务可供选择的社区商店数量也令人满意，满意度达94%。商品多样性还有欠缺，商品的多样性满意度为87%，某些商品可供选择性少，比如休闲娱乐类大多为棋牌娱乐，供年轻人休闲娱乐的场所较少（见图6）。

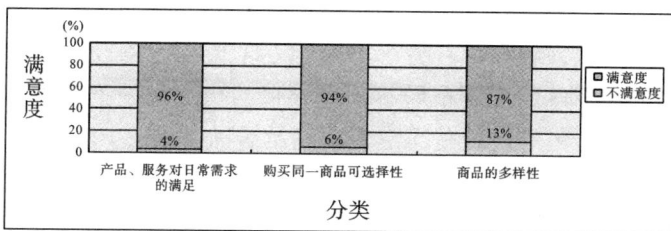

图6 龙湖社区选择性满意度分析

（6）社区商业经济性满意度分析。从调查问卷结果可以分析得知社区居民对于社区商业经济性满意度为89.6%。社区居民对社区商业总体经营档次的满意度为90%，这方面问题不大。社区居民对社区商业提升社区总体形象方面的满意度较高，为95%。社区居民对社区商业提升社区房地产价值的影响方面的满意度则一般，为84%（见图7）。社区部分居民表示"感觉不到社区商业提升了房价"，这主要是由于房产价值略有下降这一整体趋势让部分社区居民觉得社区商业并没对房价提升产生影响，或影响程度不大，不能令其满意。

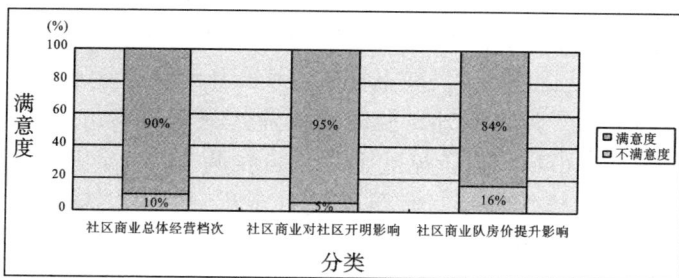

图7 龙湖社区商业经济性满意度

四、重庆市渝北区龙湖社区城市便民商圈主要问题分析

1. 规划布局不合理导致商业发展存在隐患

龙湖社区内有多个行政机关单位及高档小区，居住人群

素质高、经济较发达。社区居民要求较高，一方面希望社区商业功能越来越完善，另一方面又不希望社区商业影响自身生活品质。然而规划布局不合理导致的商业设施不完善、商住划分不清晰等问题是注定无法满足居民要求的。

由于社区商业网点的容积率比较低，房地产开发商会更趋向于多开发住宅，少开发商业设施，于是就出现社区停车难的问题。社区内车辆数量众多，主要是由机关公职人员上班用车、临时停放车辆、社区居民车辆构成。而公共停车位缺少、机关单位停车位少且不对外开放、老式小区内停车位少等又加剧停车位不足问题，实际情况远远无法满足现有车辆停靠。停车位极为缺乏，停车管理也混乱，出现路边临时停车位车辆长期停靠等问题。在布局上，商业网点的建筑不适应社区商业的发展。社区商业要与社区居民的住宅有适当的分离，才不会对居民的生活产生影响。龙湖社区则是把商业设施放在居民楼的底层，必然对楼上居民生活产生影响。当然，国内大多社区都存在这样的问题。但是如果居民楼底层不开餐饮等对生活影响较大的商铺，又不能较好地满足居民的需求，这就是由于初期规划布局不合理造成的。

2. 商业业态结构发展不均衡导致商业配套服务无法完善

目前除了菜市场外，社区商业业态完全依靠市场调节。如果只依靠市场"看不见的手"来自发调节，就会造成某些业态过度发展，从而对满足居民日常生活的业态业种产生"挤出效应"，如"汽修一条街"（新牌坊三路）这种占用了大多数商业设施却又不怎么对居民生活产生有利影响的商业配置。龙湖社区那些缺少统一经营管理的商业街，业主为了追求租金收益最大化，纷纷选择将商铺租赁给承租能力较强的汽修店等业态，因此出现了一些业态如汽修店等在社区商业中心扎堆经营的怪现象。由于商业空间的限制，这就势必会挤出许多可以满足居民日常生活的社区商业。

这种完全自由的发展模式，不利于社区商业配套服务的完善。社区商业的商铺分割销售后，很多都是由业主自行招商的，对业态定位没有统一要求，哪个商家愿意租就租给谁，经营管理比较混乱，并且开发商也没有专门对其进行统一管理。市场对资源的配置是依据利润的，但社区商业的配置应该在满足社区居民生活需要的基础上，再考虑利润。如何在社区居民需求和商业利润之间找到平衡点是发展社区商业需要慎重考虑的。

3. 社区商业与社区居民的冲突日益加剧

社区商业的发展让居民在家门口就能享受到生活服务。但是社区规划不合理、商住划分不清晰、商铺管理不到位等会导致社区商业扰民问题的出现。例如，餐馆和烧烤油烟、垃圾问题，娱乐场所、汽修店噪音等问题都让社区居民难以忍受。

（1）社区餐饮与社区居民生活矛盾突出。在社区商业中，餐饮消费需求量相当大，占社区商业较大比例，但餐饮尤其是中餐，也给社区生活带来诸多负面影响。首当其冲是给社区带来各种污染，如含油废水、洗涤废弃水等对水体的污染，厨房油烟、热气等对空气的污染，抽风机、炒菜声及其他高噪声设备产生的噪声污染。这些都影响了社区居民正常生活，给社区居民带来诸多不便，许多居民对此表示不满。此外，社区餐饮还存在消防隐患，店铺经常堆有为数不少的煤气瓶（罐）或酒精等易燃、易爆物品，同时油烟等排放会产生大量的热量，一旦发生火灾，后果将不堪设想。社区餐饮需求大与抵制餐饮进社区之间出现矛盾，居民一方面担心酒肆茶楼离居住区太近而严重干扰生活，另一方面又担心社区内没有餐饮店给生活带来不便。

（2）社区居民和商铺店家物价矛盾突出。龙湖社区物价普遍偏高，其中较高的菜价让不少居民无法忍受。据社区居民反映:"常常要坐近一个小时的车到南坪买菜,因为这边菜价比南坪那边菜价基本贵一倍。"不同区域,物价有差异是可以理解的,但不能差异过大,尤其菜价是关系着居民基本生活保障的。差异过大,可能是政府这只"看得见的手"调控不力。物价高的一部分原因是龙湖社区商铺租金较高,从而导致商铺的营业成本高。当然也不能排除区域内行业集体抬价,以此来形成区域保护的情况。一定程度的提升物价会增加社区商业营业收入,但普通居民又因物价高而苦不堪言,双方矛盾日益突显。

五、重庆市渝北区龙湖社区便民商圈发展建议

1. 对政府部门的建议

(1)餐饮类管理建议。

①加强垃圾处理管理工作。一是居委会应加大垃圾分类处理宣传,提高居民和餐馆经营者垃圾处理意识。二是建议执法办和环卫办联合开展整治行动,疏通堵塞的收水井;对城区沿街小食堂、麻辣烫等经营店进行逐户检查,要求各沿街店面在营业期间的生活垃圾必须全部实行袋装收集,装放在店内自备的垃圾收集容器中,由环卫工人定时收集。在停止营业时,商家应将垃圾装袋后放置在店门外,以便环卫工人收集,严禁将垃圾直接扫、倒在人行道和车行道上。三是环卫部门必须做好与各个店面业主的衔接,定点、定时收集垃圾。装修垃圾、医疗垃圾由店面业主负责自行清理,严禁混入生活垃圾堆放在人行道和车行道上。各沿街店面必须加强各自店前人行道及周边的卫生管理。

②加强烧烤摊位管理工作。一是政府部门应努力建好正规烧烤集中场所。对于户外烧烤,取缔不是解决问题的根本办法,应该进行一些疏导,把户外烧烤之类的夜宵摊集中起来,更便于管理。二是政府部门应和摊位经营商贩签署协议,

要求其必须按照"五统一"进行规范经营。"五统一",即每位摊主必须统一办证(健康证)、统一标识(广告牌)、统一垃圾桶、统一经营时间(机关单位下班时间至凌晨两点)和统一地点(固定摊位)。三是全民动员,对户外烧烤说"不"。政府部门应广泛宣传环保法规,加强群众环保意识,了解烧烤食品对身体的危害,倡议大家尽量不去烧烤摊消费,自觉抵制街头烧烤,利用社会舆论引导正确的消费观念,保护我们共同的环境与健康。这样规范有序的就餐环境和卫生而又美味可口的食品,不仅能满足群众的需求,还将成为龙湖社区和谐发展的"风景线"。

③加强油烟异味管理工作。一是对产生油烟的餐饮店,政府部门应要求其必须配套设置油烟污染防治设施,配套设置经国家认可的单位检测合格的油烟净化装置;油烟应当经专用烟道排放,管道高度应当高于其建筑物顶层,并且排放口应当避开易受影响的建筑物;禁止油烟无序排放或者经城市排水管网排放。二是政府部门应对严重影响居民生活品质的社区新设餐饮店加强审核,达不到标准的,应坚决不为当事人办理工商、卫生等证照。

④加强食品安全管理工作。一是街道办应加大食品安全教育宣传力度,营造浓厚的重视食品安全卫生社区文化氛围;做到食品安全知识进社区、进企业、进学校、进机关;通过多种形式,广泛深入开展食品安全宣传教育和知识的普及;正面宣传优质食品餐馆,曝光不合格店铺,营造人人关注、人人重视食品安全的社会氛围。二是政府部门应创新食品安全监管机制,每年至少一次不定时抽查社区餐饮业食品安全状况,抽查情况应及时公布,做到公正、公开、透明。

(2)菜市场类发展管理建议。

①建立"微型菜市"缓解买菜难、买菜贵问题。龙湖社区缺乏大型菜市场,因其开发渐已完善,大型菜市场难以成

形，可以建立多个 40~80 平方米的"微型菜市"，用来销售蔬菜。这些"微型菜市"可分布在附近各社区居民集中区、周围 500 米没有专业菜市场或其他大型超市等居民买菜不便的区域，服务辐射附近小区及周围居民。菜市场销售的蔬菜都是来自统一供应链，每日凌晨在周边郊区蔬菜基地、农民专业合作社采摘的新鲜蔬菜，直接进入菜店销售，安全有保证。"微型菜市"实行严格的限价销售模式，即每天的蔬菜限价标准张贴在店内"价格公示牌"，菜店不得高于这个价格销售，限价后的菜价比传统农贸市场至少低 15% 左右，有效控制菜价不均衡情况。"微型菜市"在缓解居民买菜难、买菜贵问题的同时，还能帮助部分社区无业人员就业。

②完善蔬菜供应链体系，把控蔬菜质量安全。在"微型菜市"的基础上，政府部门要逐一强化蔬菜安全生产全过程的统一标准、统一生产、统一采购、统一配送等过程，加强社区与产地批发市场的连接、产地批发市场与生产基地直接挂钩，真正实现产地直销。政府部门通过采用优化结构、技术创新、转变运作模式等手段，运用系统理念来完善蔬菜供应链的结构体系，逐步实行蔬菜安全的全面质量管理。

（3）停车位管理建议。根据《中华人民共和国道路交通安全法》第三十三条的规定，新建、改建、扩建的公共建筑、商业街区、居住区、大（中）型建筑等，应当配建、增建停车场；停车泊位不足的，应当及时改建或者扩建；投入使用的停车场不得擅自停止使用或者改作他用。在公安部和建设部联合出台的《停车场建设和管理暂行规定》中也规定，应当配建停车场而未配建停车场或停车场不足的，应当逐步补建或扩建。因此，政府部门应严把规划设计关。

政府部门应充分利用现有停车资源，鼓励居民出行少用车，扩容减流；鼓励社会单位及个人投资建设立体停车楼或地下停车场，增加现有停车面积，从根本上解决停车难问题。

龙湖社区有较多机关单位，建议这些有停车位的机关单位晚上或周末开放停车场，供社区居民使用，居民适当交一些停车费，一举两得。此外，建议和社区机关单位商协，公职人员尽量少开车上班，避免长期占用路边临时停车位，造成道路拥挤。

免费车位不能放任不管，路边停车位应坚持"救急"原则。路边停车位是临时停车位，旨在方便去附近办事、购物的人群，而不是解决上班族全天候停车的问题。政府部门应明确规定停车时限，如超时即视为违规，交管部门可视为交通违章进行处理。管理人员定期来巡视，一旦发现超时停车，就开具罚单。不同路段也应不同对待，繁华街道应少设或不设免费临时停车位，在交通不繁忙、来往车辆不频繁的街道可以设置停车位。

（4）控制门面租金问题，降低承租压力。控制管理好市场经济，平衡物价和租金，有利于商户自食其力，自己解决就业出路，创造大量的就业机会，还为国家工商、税务以及卫生等部门做出贡献。政府有关部门可以探索对商业网点的租金实行一定程度上的管制措施。例如，日本很多零售业租约合同到期后，政府会限制租金价格上涨。当然，政府部门可以在零售业税费方面给予一定减免和优惠，研究探索房租的缴税抵扣政策。更重要的是，政府部门要根据新的市场形势，研究出台相应法律法规，重新平衡物业和商业的关系。

深化财税改革，稳定政府收入来源。地方政府对土地财政带来的问题不解决，那么高租金问题就难以解决，即便提出解决这些问题的途径，也要依靠政府层面的行政手段，但这样的效果往往不好，会对经济社会的发展运行进一步造成扭曲。因此，建议要深化财税体制改革，推广房产税制度，在完善财税制体系的同时，为地方政府提供稳定的税源；在中央和地方共享税收的分成比例上，进一步向地方倾斜，补充地方政府的财力；在符合条件的地区探索允许地方政府发行市政债，为地方政府提供公开透明、风险可控、持续稳定的资金来源。

（5）医疗机构类发展管理建议。政府部门应完善社区卫生服务中心功能，使其成为一所集医疗、预防、保健、康复、健康教育和计划生育技术指导为一体的社区卫生服务机构。社区卫生服务中心方便社区居民因一般身体问题就诊，不需要辛辛苦苦去大医院排队挂号，解决"看病难"问题。社区卫生服务中心尤其要设立预防接种门诊，方便社区居民就近为孩子接种疫苗。

（6）维修类发展管理建议。针对噪音扰民问题，政府部门应进行摸底排查，组织城管、交管等部门对沿街汽修店进行整改，严格按照汽车修理店需前期办理环境影响评估的相关手续再办理工商执照的程序。

（7）建立完善的居民监督体制。政府部门应设置噪音处理、垃圾处理、产品安全等店铺监管通道；设置公共设施维护、停车位管理等公共监管通道等。一个良好的社区环境的创建不是仅仅靠政府部门监管就可以做到的，社区居民的积极帮助能极大地提高整改效率，改善整体风气。

2. 对社区商铺的建议

社区商铺应充分认识到社区商业发展应该服务于整个家庭，从小孩到老人、从家庭服务到休闲娱乐都一一包含，应该有宏观意识，不应跟风开设某类店铺。社区商铺应重视产品质量安全、油烟处理、噪音处理、垃圾处理等问题，从行动上大力支持政府整改活动，为社区居民生活安全和品质负责。社区商铺应积极参加政府宣传推广活动，积极塑造良好形象，着眼于长远发展。社区商铺应以积极的态度看待居民监督，切实提高店铺品质。一个有效的监督体制既能全面提升社区商业素质，又有利于保持商业活力和预防恶性发展。

3. 对社区居民的建议

社区居民应积极参加居委会关于产品质量安全等宣传推广活动，使每位居民深入了解自身权益，学会合法维护自身权益。社区居民应积极参与监督工作，是为自身、家人和社区居民生活品质与安全负责。当看到不符合要求的行为时，社区居民应及时通过店铺监管通道或公共监管通道检举揭发，既帮助政府部门工作，也为社区商业积极发展提供助力。

重庆市万州区乌龙池社区
商业调研报告

谌盈颖　　李　君*

调研时间： 2015 年 2 月至 2015 年 3 月
调研地点： 重庆市万州区乌龙池社区
调研方法： 问卷调查法、实地考查法

一、万州区商贸流通基本情况简介

万州区位于长江上游、重庆市东北部，处于三峡库区腹心，属长江上游区域中心城市。万州区东临云阳县，南接石柱土家族自治县和湖北省利川市，西濒忠县和梁平县，北接开县和四川省开江县。万州区面积 3 457 平方千米，城区面积 57.6 平方千米，城镇化率 59.76%。万州区区位独特，历来是川东、鄂西、陕南、黔东、湘西的重要物资集散地。万州区主城区距重庆市主城区和湖北省宜昌市均在 200 千米以上，是 200 千米半径范围内唯一超过 80 万人口的中心城市。万州区交通便利，长江黄金水道穿境而过，拥有机场、铁路、高速公路、深水港码头和海关口岸。万州区为"全国地名公共服务示范区"，曾获得"重庆市文明城区""平安建设先进

* 重庆工商大学国际经济与贸易专业 2012 级谌盈颖、李君。

区（县）""平安畅通县区"等荣誉称号。

近年来，万州区社会消费品零售总额的增长速度较快。2006—2010 年，全国社会消费品零售总额增长率分别为 13.74%、16.75%、21.60%、15.50%、18.4%，万州区的增长速度均高于全国平均水平。2010 年，万州区城镇和乡村分别实现社会消费品零售总额 123.25 亿元、6.49 亿元，增幅分别达到 22.1%、20.9%。分行业看，批发贸易额、零售贸易额、住宿餐饮业营业额分别实现 35.6 亿元、72.64 亿元、21.5 亿元，增幅分别为 20.9%、56.1%、19.7%，其中零售贸易额增幅惊人，显示出巨大的市场潜力。2013 年，万州区批发零售业实现销售总额 78.39 亿元，同比增长 16%，社会消费品零售总额 219.37 亿元，同比增长 16%。万州区商业网点面积达到 280 万平方米。

万州区乌龙池社区的商业发展已初具规模，社区数量与配套商业设施相对均衡。该社区的商业属性为内向型，商业形态为组团式。2013 年，乌龙池社区的商业网点总面积为 1.85 万平方米，人均商业面积达到了 0.91 平方米，社区商业网点数量达到了 380 个，服务人口 2.04 万人，连锁比重 7%。从网点数量与经营面积来看，业态（种）数量有 18 个，其中必备型业态有 9 个，网点数量 192 个，餐饮、超市、便利店类业态分布相对集中，占比较高，但缺少家政服务类业态，业态散乱现象比较突出。主要业态业种类型仅有综合超市、便利店和菜市场 3 种，业态业种结构极不合理。

二、万州区乌龙池社区便民商圈现状

调查乌龙池社区的必要性在于万州区的大多数社区的商业发展情况基本相同，而乌龙池社区作为其中一个社区，通过对该社区商业数据的收集与实地调研，能够真实地反映万州区一般社区的商业发展情况。其典型性在于乌龙池社区建成年限较长，并且现在着力于加强基础设施建设与社区商业发展以申请成为市级优秀示范社区。

1. 发展现状

乌龙池社区便民商圈现状如表 1 所示。

表 1　　　　　乌龙池社区便民商圈现状

服务人口（万人）	商业面积（万平方米）	人均商业面积（平方米）	网点数量（个）	业态（种）数量（个）	连锁比重（%）	商业属性	商业形态	建成年限（年）
2.04	1.85	0.91	380	18	7	内向型	组团式	19

数据来源：调研组实地走访了解。

（1）商圈边界。乌龙池社区辐射边界东至王牌路，西至沙龙路，南至胜利路，北至太白岩。乌龙池社区便民商圈服务半径 605 米，服务人口 2.04 万人。

（2）商圈环境。乌龙池社区交通便利，社区周围有重要的公交枢纽车站，到达市中心只需要 5 ~ 10 分钟的车程。社区的环境绿化较好，绿化覆盖率很高，能给居民提供良好的空气。

（3）商业定位。乌龙池社区的商业辐射面积较广，网点的数量较多，服务的人口数量也比较多，因此将其定位为集购物、餐饮、休闲娱乐等多功能于一体的具备一定辐射能力的城市小商圈。

（4）商业属性。乌龙池社区的商业属性属于内向型，即该社区在规划时基本只考虑本社区内部的消费群，商业业态业种数量较少，不足以形成对其他商业的有效消费支撑。

（5）商业形态。乌龙池社区的商业形态属于组团式。这种商业形态表现在乌龙池社区的各个商业网点的分布趋势都是集中在某一片区域，没有明显的分散分布。人们的基本生活需求、休闲娱乐等都集中在这片区域里。

（6）服务人群特点。乌龙池社区各个商业网点的服务人群大多都是单位一般员工。他们的收入一般都在 3 000 元及以下，属于中低收入水平的消费者。除了日常衣食住行外，他们的消费能力有限。

（7）商业面积。乌龙池商圈核心区域由乌龙池一段社区、清明路社区、春天花园社区、沙龙公园社区组成，商业总面积达到 1.85 万平方米，人均商业面积有 0.91 平方米。

2. 业态业种情况分析

从乌龙池社区的业态网点分布情况来看，其主要有综合超市、便利店、菜市场，而缺少家政服务、百货商场等必备型业态及再生资源回收、银行等选择型业态。其中，作为中低收入群体买菜及购买日用小食品的主要场所的菜市场存在标准化水平不够、网点数量分布较少以及卫生条件较差等问题。由此可以看出，乌龙池社区业态总体水平有待提高。

乌龙池社区业态情况分析如表 2 所示。

表 2　　　　　　　　业态情况分析

序号	业态	网点数量（个）	经营面积（平方米）	面积在商业总面积中的占比
1	综合超市	8	1 340	7%
2	便利店	44	1 790	10%
3	菜市场	4	1 960	11%
—	合计	56	5 090	28%

数据来源：实地调研得出。

就乌龙池社区的业种网点分布情况而言，餐饮类、美容美发类、便利店类业种较多；综合超市类、菜市场类、肉菜店类、回收类业种很少；作为必备型业种的家政服务类数量为零，这说明了业种散乱情况比较突出。此外，乌龙池社区的业种还存在规模不大和服务水平不高等方面的问题。由此可以看出，乌龙池社区业种总体层次不高，不能给居民提供优质服务。

乌龙池社区业种情况分析如表3所示。

表3　　　　　　　　　　业种情况分析

序号	业种	网点数量（个）	经营面积（平方米）
1	餐饮类	54	1 576
2	家政服务类	0	0
3	美容美发类	32	710
4	药店类	12	1 460
5	洗衣类	12	320
6	维修类	16	1 190
7	代收代缴类	10	230
8	便利店类	44	1 790
9	肉菜店类	4	92
10	回收类	4	56
11	休闲娱乐类	24	1 852
12	服饰类	16	680
13	诊所类	18	910
14	快递、配送类	16	1 600
15	五金加工店类	30	1 630

数据来源：调研组实地走访获得。

乌龙池社区的业种数量一共有15个，商业网点数量达300余个，其中必备型业种的种数有9种，商业网点数量有192个，占总网点数量的一半以上。

乌龙池社区的选择型业种的数量有9种，商业网点数量有112个，约占总网点数量的1/3，能够满足社区居民的多样化消费需求。

乌龙池社区综合超市有8个，总面积1 340平方米左右，按服务半径600米设置，分布在小区人群密集地区和公交车站附近。

乌龙池社区标准化菜市场有 4 个，总面积 1 960 平方米左右，按服务半径 500 米配置，分布在各个小区的重要连接地带。

乌龙池社区有 44 个便利店及中小超市，按服务半径 200 米配置；54 个餐饮店，按服务半径 100 米配置；洗衣、维修、药店等业态每种 10 多个网点，按服务半径 300 米配置。

乌龙池社区便民商圈的营业收入约 1.47 亿元，从业人员 1 000 人左右，居民满意度 45%以上。

3. 主要业态业种店铺分析

乌龙池社区主要业态业种店铺分析如表 4 所示。

表 4　　　　　　　主要业态业种店铺分析

序号	业种	业态	店铺名称	网点数量（个）	经营面积（平方米）		就业人数（人）		营业额（万元）	
1	连锁店	综合超市类	新一家超市	2	160	440	16	34	120	302.5
			家益超市（清明路店）		280		18		182.5	
2	菜市场	菜市场类	清明路菜市场	1	480		—		—	
3	专业店	餐饮类	江南大闸蟹	3	20	110	4	13	32	116
			云中老火锅		40		5		52	
			鱼味无穷		50		4		32	
4	专业店	美容美发类	靓丽巧坊	3	60	130	3	11	150	375
			非凡工作室		30		3		25	
			余儿发型工作室		40		5		200	
5	连锁店	药店类	昌野大药房	3	150	530	4	13	180	510
			天圣药业		180		5		250	
			中兴大药房		200		4		80	

表4(续)

序号	业种	业态	店铺名称	网点数量(个)	经营面积(平方米)		就业人数(人)		营业额(万元)	
6	专业店	洗衣类	绿色环保干洗店	2	20	70	2	4	20	45
			皇家洗衣		50		2		25	
7	专业店	维修类	怡鑫汽修	3	120	455	5	14	100	285
	连锁店		九阳服务中心		35		3		65	
	专业店		汽车维修店		300		6		120	
8	连锁店	代收代缴类	中国联通(清明路店)	2	35	55	5	10	65	125
			中国电信		20		5		60	
9	便利店	便利店类	重庆还童日用品超市	3	30	190	3	10	30	116
			华妹超市		120		4		60	
			佳佳超市		40		3		26	
10	专业店	回收类	废品收购	1	10	10	2	2	15	15
11	连锁店		张小儿茶馆	2	60	560	2	7	58	128
			乒乓球俱乐部		500		5		70	

数据来源:调研组实地调研得出。

三、乌龙池社区便民商圈满意度及主要问题

1. 乌龙池社区便民商圈满意度分析

在本次调查对象中,男性占71%,女性占29%;21~30岁的人数占27%,31~40岁的人数占33%,41~50岁的人数占27%,51~60岁的人数占13%,年龄分布较均匀。在家庭人均月收入方面,人均月收入为3 000元以下的人数占73%,人均月收入为3 001~6 000元的人数占27%,社区居民的收入属于中低水平(见图1)。

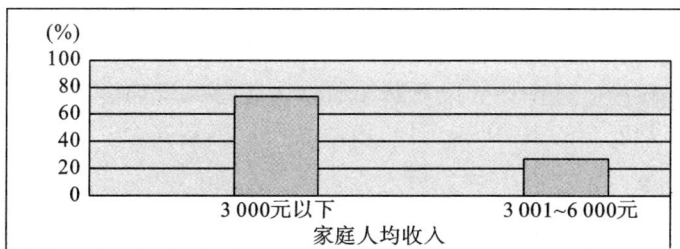

图1　社区居民家庭人均收入

　　（1）社区商业便利性满意度。从对乌龙池社区居民的满意度调查可知，社区居民对社区商业便利性满意度普遍较高，大多数人表示在社区购置商品比较方便。其中，居民对附近购物感到方便和比较方便的高达90%以上；对到附近用餐感到方便、比较方便和非常方便的占87%；对到附近美容、美发、健身感到方便、比较方便和非常方便的占80%；对到附近就医感到方便、比较方便和非常方便的占86%；对到附近休闲娱乐感到方便、比较方便和非常方便的占79%（见图2）。从调查问卷具体问题的回答中可以得知居民对商业便利性满意度低的主要原因是基础设施较少、商家周围环境较差等。

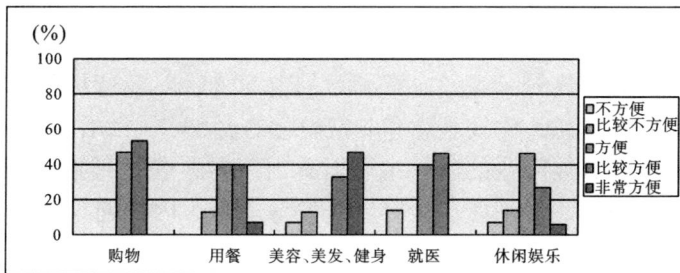

图2　社区商业便利性满意度

（2）社区商业产品安全性满意度。从对乌龙池社区居民的满意度调查可知，社区居民对社区商业产品安全性满意度普遍较高。其中，居民对餐馆餐饮卫生感到安全、比较安全和非常安全的占79%；对超市商品质量感到安全、比较安全和非常安全的占73%；对美容、美发产品感到安全、比较安全和非常安全的占79%；对菜市场产品感到安全、比较安全和非常安全的占80%；对员工进出社区感到安全、比较安全和非常安全的占79%（见图3）。

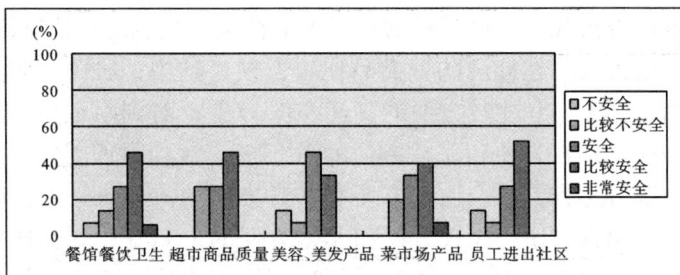

图3 社区商业产品安全性满意度

（3）社区商业健康性满意度。乌龙池社区居民对社区商业健康性满意度普遍较低。其中，社区居民对公共卫生维护感到满意、比较满意和非常满意的占66%；对经营时的噪音感到满意、比较满意和非常满意的占59%；对经营场所周围气味感到满意、比较满意和非常满意的占59%（见图4）。从调查问卷具体问题的回答中可以看出，不满意的商业类型主要有菜市场、便利店、美容、美发等业种，因此建议加强对这些业种的卫生管理。

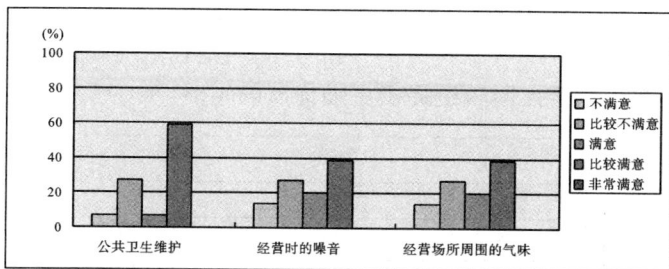

图4 社区商业健康性满意度

（4）社区商业舒适性满意度。从对乌龙池社区居民的舒适性满意度调查可知，社区居民对社区商业舒适性满意度普遍较低。其中，居民对经营场所内部环境感到满意、比较满意和非常满意的占59%；对经营人员服务态度感到满意、比较满意和非常满意的占73%；对便民设备安置情况感到满意、比较满意和非常满意的占53%（见图5）。从问卷具体问题的回答中可以看出，不满意的商业类型主要有日用品、饮食等业种，因此建议这些业种可以在对应方面进行改善。

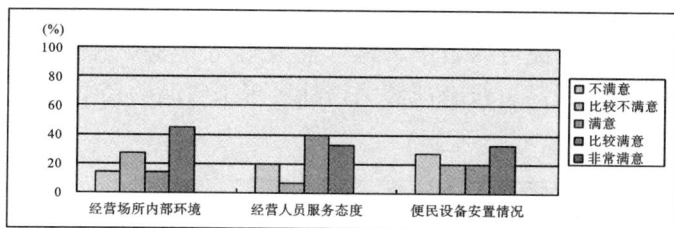

图5 社区商业舒适性满意度

（5）社区商业选择性满意度。从对乌龙池社区居民的满意度调查可知，社区居民对社区商业选择性满意度较低。其中，居民对社区商业提供产品、服务满足日常生活需求感到满意、比较满意和非常满意的占72%；对购买同一商品或服务时可选择的商店数量感到满意、比较满意和非常满意的占

80%；对社区商业满足多样化需求感到满意、比较满意和非常满意的占 60%（见图6）。因此，乌龙池社区可以适当增加业种类型，给社区居民提供更加优质的生活。

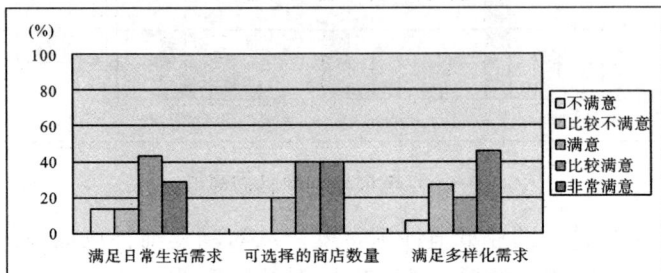

图6　社区商业选择性满意度

（6）社区商业经济性满意度。从对乌龙池社区居民的经济性满意度调查可知，社区居民对社区商业经济性满意度普遍较低。其中，居民对总体经营档次感到满意、比较满意和非常满意的占 60%；对社区商业提升总体形象的影响感到满意、比较满意和非常满意的占 66%；对社区商业提升社区房地产价值的影响感到满意、比较满意和非常满意的占 60%（见图7）。由此可以看出，社区商业对乌龙池社区的经济价值影响不是很高，没有能够为该社区带来较高的经济效益。

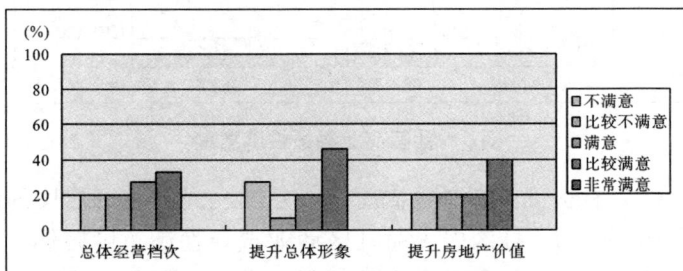

图7　社区商业经济性满意度

2. 乌龙池便民商圈主要问题分析

（1）乌龙池社区的服务体系不够完善。从政府的服务体系来看，居民想要提出对政府工作的意见与建议时没有相应的渠道，医疗健康服务体系不够健全，图书馆服务缺乏，社区内没有图书馆。在商家的服务体系方面，部分店铺在居民消费时存在服务态度差、服务人员缺少等问题，没有完善的售后服务。在社区委员会的服务体系方面，社区缺乏公益性社会组织，不能根据居民群众的兴趣爱好把居民组织起来开展自我服务。

（2）乌龙池社区的基础设施尚较为薄弱。由于政府部门对相关设施的资金投入较少且重视程度不够，乌龙池社区的休闲娱乐和健身类设施、社区老年人活动设施、社区文化体育设施、社区卫生服务设施、社区治安防患网络设施、社区综合服务设施等基础设施的网点数量较少，以至于社区居民在日常生活中的闲暇时间可以选择的休闲活动十分有限，没有合适的娱乐网点充实业余生活。

（3）乌龙池社区便民商圈的业种较少。乌龙池社区便民商圈共有9种必备型业种，缺少综合超市、家政服务类企业、标准化菜市场等。其中，综合超市是社区便民商圈中最主要的必备型业态，是中低收入群体购买各种日用品的主要场所，但该社区内综合超市分布较少，不能够满足居民所需。另外，社区选择型业种的数量几乎为零，没有银行、再生资源回收站等。

四、乌龙池社区便民商圈发展建议

1. 政府方面

政府方面应大力推进乌龙池社区建设，改善社区卫生条件，设置卫生服务机构。例如，出台相关经济政策，加大对社区周围的绿化；做好对商铺周围卫生、环境的管理；从居

131

民的基本生活需求出发规划建设便利完善的标准化菜市场。另外，政府应加强安全方面的管理。例如，在社区监控上做到全小区监控无死角；每一个楼栋都配置安全负责人，随时关注小区安全；解决社区停车位占用消防疏散通道问题。

从社区委员会的角度出发，首先，社区委员会应着力于建立和完善社区服务体系，为开展社区服务项目提供有利的和必要的经济条件。例如，建设和完善社区老年人服务、活动设施和社区文化体育设施。其次，社区委员会应注重丰富社区居民的业余生活。例如，定期开展"消费者维权月""健康生活月"之类的主题月活动。最后，社区委员会应实地对社区居民进行调研，从中发现并总结出居民对社区的意见与建议。

2. 商家方面

从商家的角度上来说，商铺应该着力于提高商铺工作人员的素质，定期做好工作人员的培训工作，从而给居民提供高质量的服务。另外，商铺应在商铺环境方面加强注意，随时清扫垃圾，定期检查安全情况，给居民提供一个舒适安全的消费环境。商家应积极配合政府的管理政策，服从社区委员会的管制工作，共同打造更好的乌龙池社区。

3. 消费者方面

从本地消费者自身出发，消费者应加强对政府出台的政策的关注，加强对社区委员会和商家执行政策的效果进行监督，积极维护自身的合法权益。居民可以向商家、社区委员会以及政府积极提出意见或建议，对当地知名度较高和价廉质优的商家积极支持，对贩卖假货、缺斤少两的商家加以抵制，提高社区整体服务质量与水平。

参考文献

［1］张勇进，蓝梦柔. 万州商贸流通业发展的 SWOT 分析［J］. 商业文化（上半月），2011（12）：251.

［2］重庆市统计局，国家统计局重庆调查总队. 重庆统计年鉴 2014［M］. 北京：中国统计出版社，2014.

重庆市涪陵区青龙社区
商业调研报告

杨亚平　　牟　丹　　韩竹申[*]

调研时间：2015 年 3 月
调研地点：重庆市涪陵区青龙社区
调研方法：问卷调查法

一、涪陵区社区商业发展基本情况

1. 涪陵区商贸流通业发展基本情况

2013 年 1~9 月，涪陵区批发、零售业实现商品销售额 364 亿元，同比增长 19.2%，在重庆市 38 个区县中排第 10 位，在城市发展新区的 12 个区县中排第 7 位。2013 年，涪陵区社会消费品零售总额 178 亿元，增长 16%。涪陵区各类商业网点共 2.8 万个，其中连锁经营企业 47 户，经营网点达 1 346 个。

2. 涪陵区社区商业发展基本情况

2014 年，涪陵区共有社区 16 个，社区商业网点数 2.8 万个。涪陵区社区商业必备型业态种类达到了 10 种以上，大中型社区商业必备型业态均具备。有部分社区缺少部分必备

＊　重庆工商大学国际经济与贸易专业 2012 级杨亚平、牟丹，旅游管理专业 2012 级韩竹申。

型业态，如有的社区周边缺少肉菜店、家政企业、代收代缴点等。从网点的数量和经营面积来看，餐饮、综合超市、便利店业态相对集中，而其他类业态分散，表明业态散乱现象比较突出。

3. 青龙社区商业发展基本情况

目前，青龙社区已经形成了以海怡天广场为中心，辐射半径100米左右的新型商业示范区域。2013年年末，青龙社区获评国家级商业示范社区。青龙社区与敦仁街道清溪沟社区、荔枝街道望涪社区一起评为市级商业示范社区。青龙社区新发展国家级农业产业化龙头企业3户。

从总体上来看，涪陵区的社区商业发展已经初具规模，社区数量和商业设施相对均衡。

二、青龙社区便民商圈现状

1. 青龙社区便民商圈概述

（1）商圈边界。崇义街道青龙社区便民商圈辐射边界东至兴华西路农业银行，西至金穗华庭段，南至香路转盘，北至稻香路海怡天广场。商圈核心区域主要为海怡天广场，内有青龙湾市场、移民小区、金祥小区。青龙社区便民商圈服务半径为1千米左右，服务人口达1.5万人左右（主要指常住居民）。

（2）商圈环境。青龙社区建有图书馆等文化设施，但文化环境仍有待改善。青龙社区便民商圈交通便利，可以适当增加红绿灯和地下通道，降低交通事故发生率。青龙社区卫生情况总体比较好，但一些卫生死角仍有待改善。

（3）商业定位。青龙社区作为未来新的住宅和商业开发区域，形成集房地产、购物娱乐、餐饮等多种业态于一体的（居住型）商圈。

（4）商业属性：中间型。

（5）商业形态：沿街式。

（6）服务人群特点。青龙社区便民商圈主要服务的是青龙社区的常住居民，同时也能给其他区域来的人群提供需要的服务。

（7）商业面积。商圈总面积达到 0.3 平方千米，人均商业面积 20 平方米。必备型业态商业面积占到 70%左右。

（8）业态业种。商圈业态业种主要有社区综合超市、便利店、餐饮店、美容美发店、药店、洗衣店、维修店等。

青龙社区城市便民商圈基本情况如表 1 所示。

表 1　　　青龙社区城市便民商圈基本情况

范围	服务人口（万人）	商业面积（万平方米）	人均商业面积（平方米）	网点数量（个）	业态种类（种）	连锁比重（%）	商业属性	商业形态	国家级、市级
兴华西路农业银行至金穗华庭段，稻香路海怡天广场至稻香路转盘段	1.5	3.47	2.31	214	13	4.8	沿街式	中间型	国家级

数据来源：经居委会提供资料与实地调研整理得出。

2. 业态业种情况分析

经实地调研发现，青龙社区总营业面积达到 34 673 平方米，主要业态业种共有 13 种。其业态业种分布、面积及占比如表 2 所示。

表 2　　　青龙社区城市便民商圈业态业种情况表

序号	业态业种	网点数量（个）	经营面积（平方米）	面积占比（%）
1	综合超市类	6	3 200	9.23
2	菜市场、肉店类	3	3 850	11.1
3	餐饮类	81	16 578	47.81

表2（续）

序号	业态业种	网点数量（个）	经营面积（平方米）	面积占比（%）
4	家政服务类	9	620	1.79
5	美容美发类	8	730	2.11
6	药店类	4	300	0.87
7	洗衣类	5	280	0.81
8	维修类	3	280	0.81
9	代收代缴类	2	40	0.12
10	便利店类	7	500	1.44
11	回收类	3	200	0.58
12	休闲娱乐类	22	4 075	11.75
13	其他	61	4 020	11.59
	合计	214	34 673	100

数据来源：经实地调研得出

3. 主要业态业种店铺分析

青龙社区城市便民商圈主要业态业种店铺如表3所示。

表3　青龙社区城市便民商圈主要业态业种店铺一览表

序号	店铺名称	营业面积（平方米）	就业人数（人）	业态业种类型
1	新兴超市	2 000	13	综合超市类
2	翔正农贸市场	1 000	80	菜市场、肉店类
3	家福火锅	150	20	餐饮类
4	小蜜蜂家政服务有限公司	30	5	家政服务类
5	雅琪美发沙龙	40	7	美容美发类
6	鑫斛药庄	45	3	药店类

表3（续）

序号	店铺名称	营业面积（平方米）	就业人数（人）	业态业种类型
7	佳丽干洗店	20	2	洗衣类
8	4S 汽车维修	200	13	维修类
9	中国电信青龙社区网点	120	18	代收代缴类
10	莉莉便利店	20	2	便利店类
11	废铁回收站	90	5	回收类
12	天友健康生活馆	60	4	休闲娱乐类

数据来源：经实地调研得出。

4. 市级社区商业示范网点分析

青龙社区城市便民商圈市级社区商业示范网点情况如表4所示。

表4　青龙社区城市便民商圈市级社区商业示范网点情况表

序号	网点	数量（个）	名称
1	示范超市	5	①新世纪百货；②合家欢超市；③果之缘超市；④荣桦超市；⑤海怡超市
2	早餐示范工程点	1	维维早餐店
3	家政龙头企业	5	①海尔特约服务中心；②高谷沁沙山泉水；③涪陵泽强电器维修部；④新世纪家电特约服务中心；⑤涪陵环城送水
4	标准化菜市场	4	①双宝路菜市场；②新大兴·国际农副产品交易中心；③望涪农贸市场；④青龙湾综合市场

数据来源：经实地调研得出。

三、青龙社区城市便民商圈满意度分析、主要问题分析以及发展建议

1. 青龙社区城市便民商圈满意度分析

从社区商业便利性上看，居民感到十分满意，日常的生活需求得到了满足。大多数必备型业态都已分布，但缺少相对的选择型业态，如银行、茶楼等。居民对休闲娱乐这方面的选择性不太满意，满足不了其对精神文化的需求。

从社区商业产品安全性上看，总体呈现出满意特征，居民对餐饮、食品的安全满意度较高，但对社区商业的经营环境、卫生等的安全满意度较低。

从社区商业舒适性上看，总体上呈现出比较满意的特征。无论商业经营场所的内部环境，还是经营人员的服务态度，居民都感到比较满意。但是居民对社区商业的便民设施的安置情况不太满意。

居民认为，在社区商业的选择性满意度上，社区提供的产品能满足日常生活需求，但社区商业的总体经营档次需要提高，社区的总体形象也要提高。

2. 青龙社区城市便民商圈主要问题分析

青龙社区商业虽然发展较快，但与先进地区相比，尚处于起步阶段，离国家级示范社区的理想状态有一定差距，存在一些不容忽视的问题。

社区商业网点布局存在不合理现象，超市、便利店、餐饮一类的业态过多，必要的肉菜店、家政服务企业、代收代缴网点等必备型业态过少。在选择型业态中，休闲娱乐、金融服务的业态过少，满足不了居民对精神文化的需求。

部分社区网点建设过剩。近年来，新建的住宅小区，特别是靠近街道的一侧，几乎都在底层设有商业网点，造成大批商业网点闲置而浪费资源的现象。

社区商业的经营档次不高，个别商业网点购物环境较差。在大多数沿街开设的社区商业网点中，许多沿街楼房底层自行改门设店，有的小区规模小、摊点多，夏季嘈杂，影响小区居民休息。这些网点"脏、乱、差""小、简、陋"，业态相对落后，上档次、上规模的商业设施明显不足。

社区商业的经营状态不太理想。社区商业网点经营内容存在雷同，居民购买力不强，加上房租、水电费和税费，多数网点是微利甚至是亏本经营。随着物价上涨，专门经营蔬菜、水果的便利门店进货成本高，售价比农贸市场贵，居民只好到农贸市场或批发市场采购。

社区商业的服务管理仍有不足之处。居民集中地的网点多数为自发形成，摊点集中，缺乏行业主管部门的指导和规范。有关部门监督管理不到位，服务不规范，会出现不公平的交易现象，损害消费者的合法权益。

3. 青龙社区城市便民商圈发展建议

（1）合理布局社区商业的业态业种。政府应因地制宜、合理规划，改变现在业态业种不合理的局面，对青龙社区制定合理的发展定位，并制定科学的发展规划，建立严格的管理制度，逐步形成合理的业态业种结构，致力于打造集房地产、购物、娱乐和餐饮等多种业态共同发展的青龙社区商业。

（2）合理规划和建设社区商业网点。青龙社区应发展1~2个大中型连锁超市，1~3家金融单位，1个标准化菜市场，10~20家药店、烟酒店、理发店、便民店。同时，青龙社区应发展电商物流配送、茶楼、棋牌、网吧、KTV、水吧、台球室以及以文化休闲为主的服务业商店5~10家。

（3）提高社区商业的经营档次。商家应该提高经营场所的环境，提供良好的产品和服务。政府相关部门应该给予相当的政策扶持，合理规范店铺的布局、环境等，做到有秩序、规范地经营。同时，政府应该着手打造好社区商业的便民设施，提供良好的经营环境。

（4）加强社区商业的服务管理。行业主管部门应该指导和规范社区商业店铺的经营环节。完善社区商业的管理制度，依法治理，合理规划。监督管理部门应该加强社区商业的监督和管理。

重庆市江津区几江社区
商业调研报告

殷宜庆　　何　英　　夏　洁[*]

调研时间： 2015 年 1 月
调研地点： 重庆市江津区的几江社区
调研方法： 问卷调查法

一、江津区社区商业发展基本情况

1. 江津区经济发展基本情况

江津区以地处长江要津而得名，位于重庆市西南长江之滨，是重庆市重要发展城市。江津区面积共 3 200.44 平方千米，人口 147 万人，主城区人口约占 40 万人，其中城镇人口 68.6 万人。江津区距渝中区公路里程 50 千米，铁路里程 65 千米，水路里程 72 千米。就总体而言，江津区经济建设、政治建设、文化建设、社会建设和生态文明建设成就突出。从产业结构看，第二产业居主导地位，第三产业次之，第一产业比重最小。其中，第二产业和第三产业近年来增幅逐渐变大，而第一产业增幅逐渐变小。

2. 江津区商贸流通业发展基本情况

在 2014 年，随着一批大型专业市场和物流基地的建设投

---
* 重庆工商大学国际经济与贸易专业 2013 级殷宜庆、何英、夏洁。

用，江津区商贸物流业呈现出"井喷式"增长，增长趋势明显。2014年，江津区实现批发零售商品销售额430亿元，同比增长24%。过去曾是"短板"的商贸物流业已变成江津区一大经济增长点，特别是批发零售业，成为江津区商贸流通业迅猛增长的主导推动力量。2014年，江津区批发额达到228亿元，零售额达到202亿元，分别比2013年增长32.6%和15.5%，展现出强劲的增长势头。

2014年，江津区实现全社会消费品零售总额201.55亿元，同比增长15.5%，总量和增速分别列城市发展新区第3位和第2位；实现商品销售额432.36亿元，同比增长24.7%，总量和增速分别列城市发展新区第3位和第1位；实现营业额49.65亿元，同比增长16.8%，总量和增速分别列城市发展新区第3位和第9位。

3.江津区社区商业发展基本情况

江津区社区商业发展已经达到一定规模，总体而言，商圈建设与社区发展程度和经济发展水平大体一致。2014年，江津区共有社区数28个，社区商业网点数达到67 000个，社区商业网点总面积为320万平方米。2014年，江津区几江社区商业必备型业态种类达到10种。从经营面积数量等来看，其行业带头作用不断增强。

二、江津区城市便民商圈现状

选择江津几江社区作为本次调研对象，是因为其具有典型性。几江社区在江津区众多的商业社区中发展较早，经历了各个发展高点，形成了现在相对其他社区而言比较繁荣的局面，不管是年度零售额还是年度销售增长率都明显高于同类社区，为其他社区的发展创建了良好的发展模式，起到了积极的行业带头作用。例如，江津区首届富硒餐饮赛，不仅涌现出一大批早餐示范网点，而且激活了上下游两个产业链条。截至目前，江津区有国家级商业示范社区 1 个（几江德胜玫瑰园社区），市级商业示范社区 5 个（四牌坊社区、大西门社区、德胜玫瑰园社区、城南社区、琅山社区），新建社区便民商圈 4 个。总之，江津区商业发展总体上是令人满意的。值得关注的是，江津区城区菜市场整治改造验收中，验收合格的 7 个菜市场中有 6 个菜市场来自江津区几江社区。

1. 发展现状

（1）商圈边界。商圈衔接江津区老城区和东部新城，东靠长安路，西邻东门路，南起长风路，北至滨江路，总建筑面积 111 万平方米，商圈核心区域为万千城江津遗爱池国际商圈。

（2）商圈环境。建筑面积 111 万平方米，占地面积 27 万平方米，绿化率为 35%，容积率为 4.3。从以上数据分析可知，江津区的环境绿化面积相对较少，仍需改进，以使商圈环境更好发展。

（3）商业定位。商圈定位为集金融、购物、餐饮、娱乐等多功能于一体的具备一定辐射能力的城市商圈。其中，几江德胜玫瑰园社区为国家级商业示范社区，四牌坊社区等五个社区为市级商业示范社区。

（4）商业属性：沿街型。大多网点经营是沿街分布的，满足居民的基本购物、生活、消费、享受服务的要求，提升商圈便民的整体水平，大多数居民满意这种商业模式。

（5）商业形态：中间型。商圈既服务于区内人员，又服务于区外人员，其中区内人员居多，区外人员主要指来到江津区城区务工、提供服务获得收益的外地人员，江津区的商业形态为这两种人员的生活提供了便利。

（6）服务人群特点。商圈服务人群以中高消费阶层居民为主。总体上来看，江津区便民商圈为所有层次的居民提供了良好的生活环境。根据地区经济发展的整体情况来分析判断，江津区便民商圈主要是为中高消费阶层人群服务的。

（7）商业面积。商圈商业总面积达到320万平方米，人均商业面积2.13平方米。从整体上来看，人均商业面积较少，可以适度扩大商圈的面积，刺激居民的消费欲望，提升社区商业总体水平。

（8）业态业种。就业态而言，零售与批发共同发展。其中，批发的发展前景及发展速度更快。江津区几江社区便民商圈业态业种较为齐全，为居民日常生活消费提供了便利，但以娱乐为主的店铺并不占多数。因此，在兼顾便民的同时，几江社区应在休闲娱乐类商业设施建设上给予适当的引导和支持。

江津区城市便民商圈基本情况如表1所示。

表1　　　　　　　江津区城市便民商圈概述

江津区城市便民商圈	范围	服务人口（万人）	商业面积（万平方米）	人均面积（平方米）	网点数量（个）	业态种数（种）	连锁比重	商业属性	商业形态	建成时间	国家级、市级（个）
	—	150	320	2.13	67 000	10	3%	沿街式	中间型	1989年	6

数据来源：经居委会提供资料与实地调研数据整理得出。

2. 业态业种情况分析

根据我们的调查，江津区几江社区有综合超市16个，有菜市场8个，有百货商场2个，有超级市场3个，有便利店8个，有专业市场1个，有专卖店162个，有批发市场1个，有精品广场1个，有商业街1条（见表2）。

表2　　　　江津区城市便民商圈业态情况表

序号	业态	网点数量
1	综合超市	16

表2(续)

序号	业态	网点数量
2	菜市场	8
3	百货商场	2
4	超级市场	3
5	便利店	8
6	专业市场	1
7	专卖店	162
8	批发市场	1
9	精品广场	1
10	商业街	1

数据来源：经实地调研得出。

根据我们的调查，江津区几江社区业种约为 2 679 个，可分为服装店、鞋店、食品店、药店、书店、五金店等。其中，服装店的网点数量为 180 个，鞋店为 997 个，食品店为 18 个，药店为 384 个，书店为 27 个，超市为 482 个，百货公司为 2 个，电影院为 1 个，KTV 为 55 个，音像店为 7 个，花店为 39 个，银行为 378 个，邮局为 95 个，珠宝店为 14 个（见表 3）。在江津区城市便民商圈各业种网点数量中，鞋店、超市、药店、银行、服装店等相对来说数量比较多，而电影院、百货公司、音像店、珠宝店等的网点数量比较少，可知江津区居民娱乐消费选择较少倾向于日用品消费。

表 3　　　　　江津区城市便民商圈业种情况表

序号	业种	网点数量（个）
1	服装店	180
2	鞋店	997
3	食品店	18

表3（续）

序号	业种	网点数量（个）
4	药店	384
5	书店	27
6	超市	482
7	百货公司	2
8	电影院	1
9	KTV	55
10	音像店	7
11	花店	39
12	银行	378
13	邮局	95
14	珠宝店	14

数据来源：经实地调研得出。

3. 主要业态业种店铺分析

根据我们对江津区几江社区的调查，各种业态业种类型都有各自的代表店铺。几江社区业态业种繁多，各种店铺也很有代表性。其中，红卫巷菜市场是江津区城市便民商圈中口碑较高的菜市场。几江社区还有各种服装店、鞋店、珠宝店和食品店，比较有代表性的是以纯店等，具有代表性的超市是重百超市和永辉超市。另外，几江社区还有 ONLY 百货公司和新世纪百货超市等。几江社区还有海尔专卖店、民豪商业街等供居民平时购买家居用品的店铺（见表4）。

表4　　江津区城市便民商圈主要业态业种店铺一览表

序号	业态	业种	店铺名称
1	综合超市	服装店	3 539（旗舰店）
		鞋店	以纯
		超市	重百超市、永辉超市
2	菜市场		红卫巷农贸市场
3	百货商场	百货公司	ONLY（重庆百货大楼江津店）
4	超级市场	超市	新世纪百货
5	便利店	食品店	通泰门副食日杂
6	专业市场		攀宝钢材市场
7	专卖店	服装店	鸭宝宝专卖店
		家用电器店	海尔专卖店
		珠宝店	石头记江津区专卖店
		食品店	川州桃片专卖店
8	批发市场	批发店	城南水果批发市场
9	精品广场	家居店	精品家居
10	商业街		民豪商业步行街

数据来源：经实地调研得出。

三、江津区城市便民商圈满意度及主要问题

1. 江津区城市便民商圈满意度分析

在本次江津区几江社区商业调研活动中，参与调研的男性占39.3%，女性占60.7%；年龄主要集中在21~30岁；文化程度主要集中在高中及以下；家庭月收入主要集中在3 000元以下；职业分布中，单位管理人员占7.1%，单位一般人员占10.4%，自由职业者占32.1%，学生占21.3%，其他占29.1%。

从总体上看，居民对社区商业整体满意度较高，反映出几江社区商业发展水平较高，能够较好地满足居民综合性消

费的需求（详见图1）。

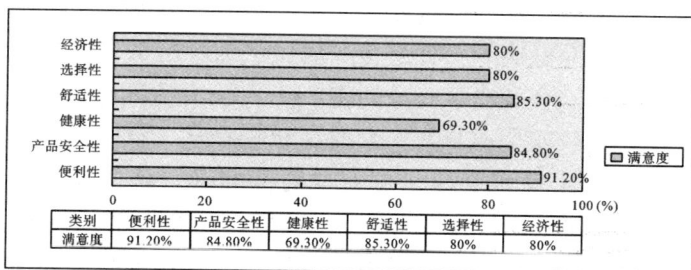

类别	便利性	产品安全性	健康性	舒适性	选择性	经济性
满意度	91.20%	84.80%	69.30%	85.30%	80%	80%

图1　几江社区商业居民总体满意度

（1）社区商业便利性满意度。在对几江社区居民对本社区的便利性调查中，大多数人表示在几江社区购置产品是方便的，社区产品基本能满足居民对日常生活的需求。其中，居民对在附近购物感到方便、比较方便和非常方便的高达84%；对到附近用餐感到方便、比较方便和非常方便的高达92%；对到附近美容、美发、健身感到方便、比较方便和非常方便的高达96%；对到附近就医感到方便、比较方便和非常方便的高达88%；对到附近休闲娱乐（打牌、饮茶）感到方便、比较方便和非常方便的高达96%。社区居民对社区便利性满意度平均达到了91.2%，极少数居民对社区便利性不满意（详见图2）。

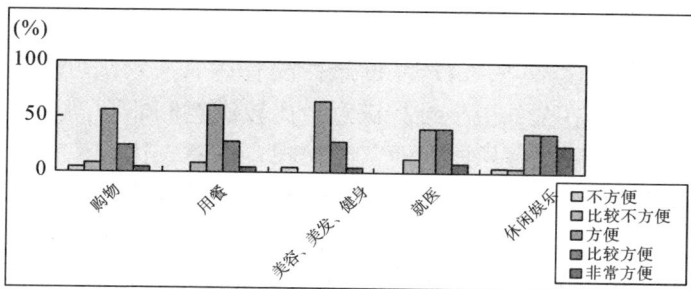

图2　社区商业产品便利性满意度

（2）社区商业产品安全性满意度。在对几江社区居民对本社区产品安全性的调查中，居民消费安全意识提高，追求高质量的产品已成为一种趋势。居民认为社区餐馆餐饮卫生安全、比较安全和非常安全的占84%；认为社区超市商品质量安全、比较安全和非常安全的占96%；认为社区美容美发产品安全、比较安全和非常安全的占68%；认为菜市场蔬菜、肉类、水果等产品安全、比较安全和非常安全的占88%；认为社区商业员工进出社区安全、比较安全和非常安全的占88%。社区居民对社区产品安全性平均满意度高达84.8%，其中对美容美发产品存在不信任的现象，认为美容美发产品产品的安全度有待提高（详见图3）。

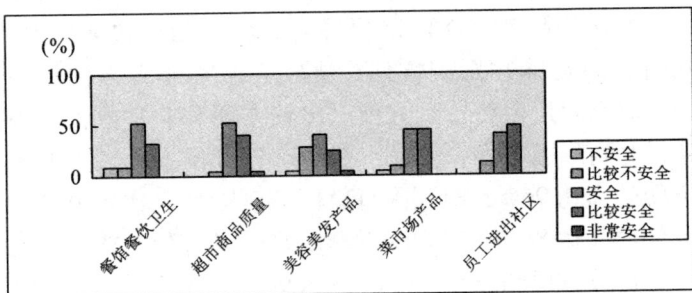

图3　社区商业产品安全性满意度

（3）社区商业健康性满意度。在对几江社区居民对本社区健康性满意度的调查中，居民普遍认为社区基础设施较薄弱，监管力度不够，对产品健康性没有达成一致认可。居民对社区商业在公共卫生维护满意、比较满意和非常满意的占88%；对社区经营场所在经营时的噪音满意、比较满意和非常满意的占44%；对社区商业场所周围气味满意、比较满意和非常满意的占76%。社区居民对社区健康性的平均满意度为69.3%，30.7%的居民对此不满意，认为社区商业在经营过程中忽视消费者利益，没有提供良好的客户体验（详见图4）。

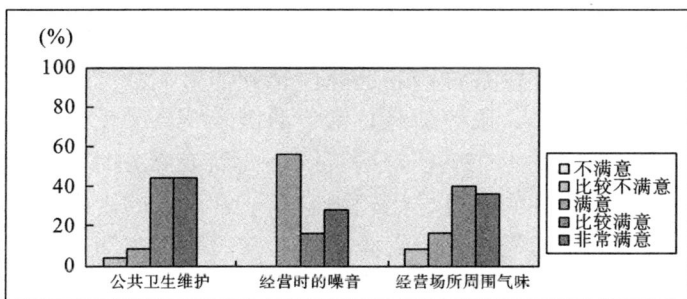

图4　社区商业产品健康性满意度

（4）社区商业舒适性满意度。在对几江社区居民对本社区舒适性满意度的调查中，凸显出社区商业在服务专业化和规范化的过程存在缺陷。居民对社区商业经营场所内部经营环境感到满意、比较满意和非常满意的占96%；对社区商业经营人员服务态度感到满意、比较满意和非常满意的占80%；对社区商业附近便民设施安置情况感到满意、比较满意和非常满意的占80%。社区居民对社区舒适性的平均满意度为85.3%（详见图5）。

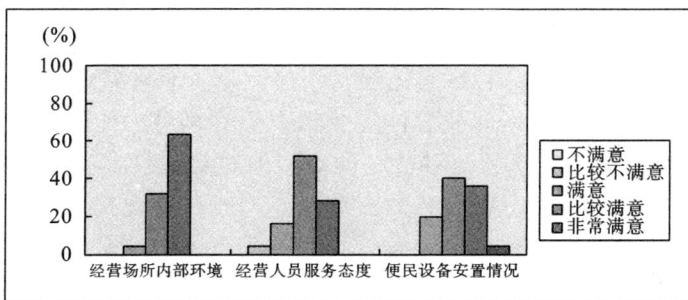

图5　社区商业产品舒适性满意度

（5）社区商业选择性满意度。在对几江社区居民对本社区选择性满意度的调查中，居民大都持中肯态度，没有两极分化现象，但并没有对产品选择性感到非常满意。居民对社区商业提供产品、服务满足日常生活需求感到满意、比较满意和非常满意的占92%；对购买同一商品或服务时可选择的社区商店数量感到满意、比较满意和非常满意的占72%；对满足多样化需求满意、比较满意和非常满意的占76%。社区居民对社区选择性的平均满意度为80%（详见图6）。

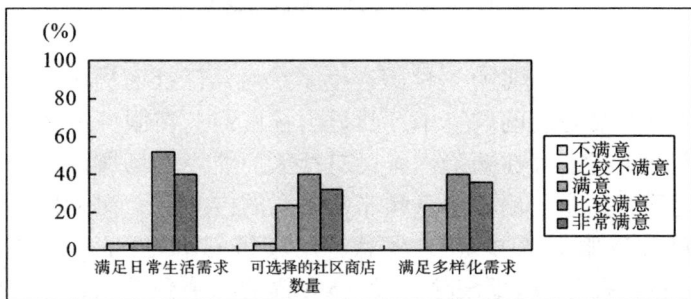

图6　社区商业产品选择性满意度

（6）社区商业经济性满意度。在对几江社区居民对本社区经济性满意度的调查中，居民对社区商业发展带来的一系列影响，比如提升社区总体经营档次、总体形象都比较满意。其中，对提升社区商业总体经营档次感到满意、比较满意和非常满意的占100%；对社区商业提升社区总体形象感到满意、比较满意和非常满意的占88%；对社区商业提升社区房地产价值感到满意、比较满意和非常满意的占76%。社区居民对社区经济性的平均满意度为80%（详见图7）。

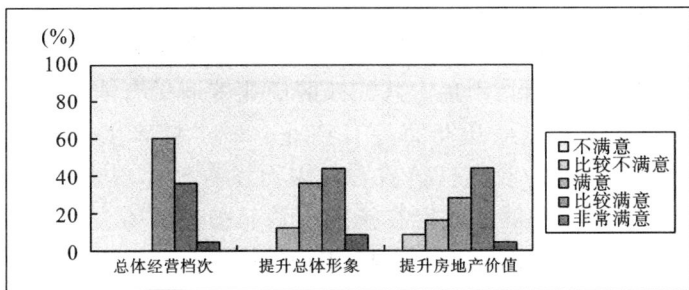

图7　社区商业产品经济性满意度

2. 江津区城市便民商圈主要问题分析

（1）各部门管理体制有待完善。几江社区目前面临的问题是管理不系统、不规范，街道办事处经济压力过大，部分街道办事处把相当一部分精力投入到发展街道经济上，削弱了其管理和服务的职能。部分街道办事处过分强调经济效益，因而一些违章建筑、马路市场以及乱收费、乱罚款现象屡禁不止。环境污染、噪声污染、违章建筑、产品安全性等问题长期困扰居民日常生活。例如，几江社区农贸市场白果树入口处右侧违规搭建的两间彩钢棚房屋给居民正常进出菜市场带来了安全隐患。

（2）社区基础设施设备不健全。由于社区经费投入少，缺乏规范性的管理，基础设施环节较薄弱，导致社区服务设施不全。江津区社区建设中，配套的群众文化场所满足不了居民日常生活，开发商注重小区内亭台楼阁的建设，忽视了活动场所的配套。有的开发商为了追求利益最大化将楼距加密，几乎没有留出群众活动的空间。

（3）社区服务单一。社区服务是社区建设的基础，但由于有关社区服务业的优惠政策相对较少，已出台的有关规定又不能得到很好的落实。这限制了社会各方面对社区服务业的投入，使我国目前的社区服务业发展比较单一，多依靠政府投入，福利性、事业性服务项目占大多数，基本上属于政府行为，向社会化、产业化、实体化转变的步伐不快。

（4）企业活力不足。几江社区商业普遍带有浓厚的住宅底商的特点，不是开发商持有物业，是"打碎了卖"的模式，属于各自为政、自负盈亏，因而没有整体规划与引导，市场细分程度不够。政府在招商引资、细分市场、完善业态业种、活跃社区商业经济方面的作用不明显。

社区商业以中小企业经营为主，本土品牌很有优势，具有较高的消费重复购买率和客户忠诚度，比如重庆天之味实业有限公司、隐涵食品西式早餐、重庆熊阿姨饮食有限公司等。但某些企业经营制度的不够完善，导致发展一直处于瓶颈期，同时抵挡了一部分外来品牌的"入侵"，导致市场活力不足、商家竞争意识不强、产品缺乏创新等。

四、江津区几江社区商业发展建议

针对江津区城市便民商圈出现的问题，本次调研小组主要给予以下几点建议：

1. 政府方面

政府应加强行业引导，加大监管力度；招商引资，加大资金投入；坚持以人为本，督促商家的经营行为。由于居民对于消费的需求日趋扩大，对业态业种多样化的要求也日益严格，而目前存在的问题是社区商业还不能较大程度满足消费者个性化需求，政府需要积极引进信誉良好的大型商家，完善社区商业种类；着重引进娱乐休闲项目，促进便民商圈的健康发展；加强社区基础设施的完善，改善环境、噪声、交通等方面的问题。

2. 商家方面

商家要树立"服务树品牌，信誉谋发展"的观念。针对普遍存在的资源配置不合理现象，商家需要做的是日常生活快消品种类要齐全，质量要保障，关注消费者非商品化和个性化需求，多增加服务便利性品牌，如家庭服务、儿童服务、教育培训、社区服务等。各个经济营运主体在考虑自身营利的情况之下应主动承担各自的社会责任及义务，树立良好的服务意识，并不断专业化、规范化发展。企业应培养忠实的客户，依靠良好的口碑进行宣传；充分发挥市场引导作用，响应政府号召，公平竞争、合理竞争、有效竞争。

3. 消费者方面

消费者面临更多的产品选择，需求和行为都趋于个性化、定制化，由于知识经济带来科技与知识的创新，从而引导消费者消费的个性化，进而促使商家进行改革，优胜劣汰，增强商家竞争力。消费者需求从低层次的生理需求向高层次的精神需求转变，如消费者从原来的衣食住行等生理需求向文化、娱乐等精神需求转变，促进了市场细分，使社区商业模式更趋于完善。

社区商业满足居民对生活必需品就近消费的需求，但在发展的过程中，社区商业的问题慢慢显露出来，此时居民应该持一颗平常心，客观公正地看待发展中的不平衡。居民可以将自身生活体验中的不足之处用合理的方式反映给相关机构或组织。居民应从我做起，做好表率作用，提升自身素养，树立正确的消费观念。

社区商业作为一种新型的属地型商业，只有在各方的不断努力及积极配合之下，一些困扰才可以得到有效的控制和解决，从而使社区商业发展得更加完善。

重庆市永川区中山路社区
商业调研报告

曾姝韵　　陈　玉　　邓鸿丹[*]

调研时间：2015 年 3 月 9 日至 2015 年 3 月 24 日

调研地点：重庆市永川区中山大道、渝西广场、中央大街新世纪商圈等

调研方法：问卷调查法、实地观察法等

一、永川区社区商圈现状

1. 永川区社区商业发展基本情况

永川，因"城区三河汇碧、形如篆文'永'字"而得名。永川于 776 年置县，1992 年建市，2006 年成区。永川区辖区面积 1 576 平方千米，常住人口 108 万人，其中中心城区人口 54.8 万人，建成区面积 52 平方千米。重庆市委四届三次全会正式定位永川区为城市发展新区，是重庆大都市区的重要组成部分和成渝城市群的重要支撑；是区域性商贸中心、科教中心、金融中心、能源配给中心；是重庆市规划建设的现代物流基地、100 亿元级商圈、100 亿元级市场集群、200 亿元级商贸物流园区，被誉为"中国西部的义乌"。

---

*　重庆工商大学会展经济专业 2012 级曾姝韵、陈玉、邓鸿丹。

2012 年，永川区商贸流通业社区零售总额实现 162.3 亿元，同比增长 17.1%；商品销售额实现 326.3 亿元，同比增长 18.4%；住宿餐饮营业额实现 39.6 亿元，同比增长 20.9%；商业增加值达 48.5 亿元，同比增长 9.3%，占全区生产总值的 12.1%。永川区有商业网点 46 223 个，面积达到 415 万平方米，从业人员 29.2 万人。永川区社区商业发展已初具规模，社区数量与匹配商业设施相对均衡。永川区中心城区共有常住人口 45.25 万人，社区商业网点 12 351 个，人均商业面积 0.68 平方米，社区商业总面积 30.77 万平方米。永川区有必备型业态 10 种，必备型业态网点数 4 523 个；选择型业态 10 种，选择型业态网点数 7 828 个，共有连锁网点 5 433 个。社区商业营业收入总额约为 125 亿元，其中连锁收入为 39 亿元，连锁收入比重为 31.2%，必备型业态连锁收入为 18.7 亿元，占连锁收入总额的 47.9%。社区商业就业人数达到 18.6 万人。

2. 永川区中山路社区便民商圈现状

中山路社区地处永川区核心区域，辖区面积 57.7 平方千米，其中城区面积 28 平方千米，辖 7 个村、9 个社区，常住人口 28 万人，是永川区委、区人大、区政府、区政协等党政群团机关驻地和全区政治、经济、文化、商贸物流中心。近年来，中心路社区办事处紧紧围绕区委区政府"333"总体战略，以科学发展为主题，全面建设"魅力、平安、富裕、宜居、和谐、效能"中山，多次获得重庆市"先进基层党组织""明星镇（街）""安全社区"和永川区"工业强镇（街）"等荣誉。永川区现有区新城建管委、凤凰湖工业园两大投资发展平台和美丽神女湖、兴龙湖、凤凰湖三大休闲旅游胜地，区位优势明显、交通信息便捷、基础设施完善、投资环境优越、投资政策开放、投资服务一流，是一片极具开发潜力且商机无限的投资宝地。

表1　　　　　　　永川区中山路社区便民商圈现状

永川区中山路社区便民商圈	范围	服务人口（万人）	商业面积（万平方米）	人均商业面积（平方米）	网点数量（个）	业态（种）数量（种）	连锁比重（%）	商业属性	商业形态	建成时间	市级、国家级
	东起官井路，西至玉屏路，南接永川火车站附近，北抵北山公园	4.8	4.75	0.99	1 760	20	33.9	组团式	外向型	2014年	无

数据来源：经居委会提供资料与实地调研得出。

3. 中山路社区概述

（1）便民商圈概况。永川区中山路社区便民商圈隶属于中山路街道，东起官井路（农业广播电视学校永川分校），西至玉屏路（工人文化宫），南接永川火车站附近，北抵北山公园，商圈面积为1.2平方千米左右，服务半径1千米，服务人口4.8万人。商圈商业总面积4.75万平方米左右，人均商业面积0.99平方米，必备型业态商业面积占55%左右，主要集聚在俊豪中央大街、东外街以及渝西大道，集中商业面积2.61万平方米。俊豪中央大街为社区商贸业特色街区，是集零售、餐饮业为一体的特色街区。

（2）商圈环境。该商圈文化类业态数量众多，基础设施完善；处于永川区的中心商业区，交通便利，经济发达；绿化率处于全区较高水平，老城风貌和新兴建筑并存，新兴小区建设完善，商圈带动老城发展迅速，小区建设处于城市前列。

（3）商业定位。该商圈定位为集购物、餐饮、娱乐、家居等多功能于一体的居住型商圈，以满足该商圈内居民和部分商圈外居民的日常综合消费需求，具备一定的辐射能力。

（4）商业属性。该商圈的商业属性为中间型，形成了以俊豪中央大街为中心，向周围街道、小巷辐射式发展的同心圆模式，能够满足商圈内外居民的购物需求和其他生活需求。

（5）商业形态。该商圈的商业形态为组团式。商圈内根据商业形态自行分类，多按服饰、餐饮、生活必需品等分类形成小团体商业中心，或者以新世纪百货、重百等大型超市为小中心集中分布，或者以经营时间不同集中分布，如夜市小吃一条街。

（6）服务人群特点。居民大多接受过或正在接受中高等教育，收入水平较高，对于生活有较高的要求，更注重有品质的享受；年龄段偏年轻化，消费群体年龄主要集中在20~30岁。

（7）商业面积。该商圈商业总面积达到4.75万平方米，人均商业面积0.99平方米，集中商业面积2.61万平方米，必备型业态商业面积占55%左右，是永川区商业面积最大的社区。

（8）业态业种。该商圈的必备型业态10种，必备型业态网点数704个，占总商业面积55%左右，主要集聚在俊豪中央大街、东外街以及渝西大道，集中商业面积2.61万平方米；选择型业态10种，选择型业态网点数1 056个。

4. 业态业种情况分析

该商圈有必备型业态10种，网点704个，分散分布在社区各处，主要是社区综合超市4个、菜市场3个、便利店95个、餐饮店371个、美容美发店83个、社区药店84个。该商圈有选择型业态10种，网点1 056个，集金融服务、娱乐文化、健康养身、再生资源回收为一体，满足商圈内外居民多样化的消费需求。社区综合超市有4个，面积在4 000平方米以上，按服务半径600米配置，分布在城市中心，形成集散效应，周围密集分布其他类型的小商业，共同分享大型超市带来的人流量。社区有标准化菜市场3个，面积在3 000平方米左右，按服务半径500米配置，分布在小区附近，涵盖所有的蔬菜种类和基本的家禽、海鲜、肉类，完全满足了商圈内外居民日常生活的不同层次、不同品味的需求。

社区有 7~8 个中小超市，按服务半径 600~700 米配置；有 250 个以上便利（民）店、550 个以上餐饮店，按服务半径 100 米配置；有 50 个左右美容美发店，按服务半径 300 米配置。洗衣、家电维修、药店、再生资源回收、金融服务、便民服务项目等必备型业态按每种 20~30 个网点、服务半径 500 米配置。必备型业态的连锁网点达 400 个以上，连锁经营比重在 40% 以上。该便民商圈的营业收入约 19 亿元，从业人员 28 000 人左右，居民满意度 90% 以上。

中山路社区业态业种情况如表 2 和表 3 所示。

表 2　　　　　　　中山路社区业态情况表

业态	数量（个）	店铺	业态	数量（个）	店铺
食杂店	380	张鸭子	便利店	250	24 小时便利店
		廖记			罗森
超市	7	薄利超市	专业店	112	拉夏贝尔服饰
		便民超市			和平药房
百货店	4	重百	折扣店	13	世通 2 元店
		新世纪百货			达芙妮折扣店

表 3　　　　　　　中山路社区业种情况表

类别	数量（个）	举例	类别	数量（个）	举例
菜市场	3	中山路菜市场	餐饮店	371	九锅一堂
		华创菜市场			乡村基
		三源里菜市场			乐棒棒

表3(续)

类别	数量 (个)	举例	类别	数量 (个)	举例
美容 美发	83	沙宣	社区 药店	64	和平药房
		俏佳人			桐君阁大药房
		时尚芭莎			鑫斛药庄
维修店	24	天宇客户服务中心	洗衣 (染)	19	明明洗衣店
		友诚维修			布兰奇
		家电维修			福奈特

二、居民满意度调查

为了研究中山路社区商业的发展状况及居民满意度，本次共发放问卷65份，回收问卷65份，回收率为100%。其中，有效问卷60份，有效率约为92.3%。在60名被调查者中，男性、女性分别占总人数的33.3%、66.7%，女性居多，是男性的两倍；从年龄层次来看，此次调查有88.4%的人为中青年，其中21~30岁的比重最大，占45%，偏年轻化；在文化程度方面，有68%的居民为高中及以上学历，文化水平中等，但也有31.7%的居民未受过高等教育；在家庭人均月收入方面，3 001~9 000元的居民人数占总人数的82%，高收入水平的比例不到20%；在职业方面，各个行业分布的人数较均匀，说明此次调查人群的种类丰富，符合调研要求。

1. 社区商业便利性满意度

调查显示，在60名被调查居民中，绝大多数人都认为到附近购物，用餐，美容、美发、健身，就医和娱乐（打牌、喝茶）是方便的，占比约90%，只有10%左右的居民认为不方便。由此可见，中山路社区的社区商业类型多样，并且有一定的数量和规模，居民对社区商业便利性满意度比较高，如图 1 所示。

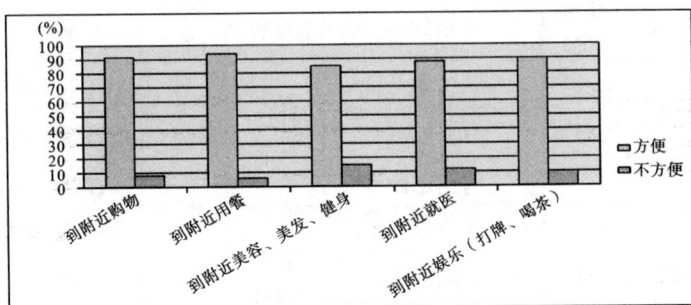

图 1　中山路社区商业便利性满意度

2. 社区商业产品安全性满意度

调查显示，被调查的 60 名社区居民中，对社区餐饮卫生持比较不安全态度的人居多，占 47%，在访谈中这部分居民表示很少甚至不会在外就餐；在对待社区超市商品上，71% 的居民都认为安全；在对待社区美容美发产品上，38% 的居民认为不安全；在对待社区菜市场蔬菜、肉类、水果等商品上，84% 的居民都认为安全且十分乐意购买；在社区商业员工进出社区方面，73% 的居民认为安全，说明了中山路社区商业治安秩序井然，如图 2 所示。

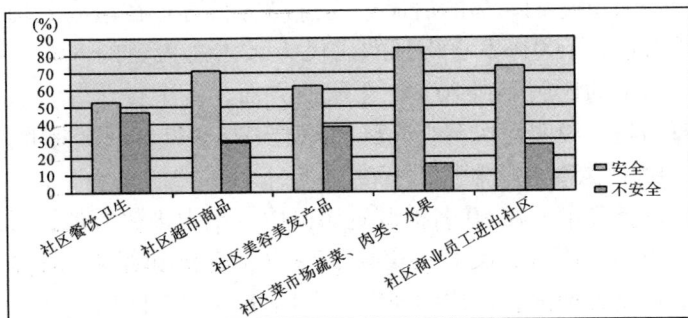

图 2　中山路社区商业安全性满意度

3. 社区商业健康性满意度

调查显示，被调查的 60 名社区居民中，在社区商业公共卫生上的维护和经营场所的气味方面，约 60% 的居民认为满意，但对经营场所在经营时的噪声意见较大，约 55% 的居民认为不满意。可见中山路社区在商业噪音问题上应加强治理，政府应出台相关条例，实施有效的降噪措施，如图 3 所示。

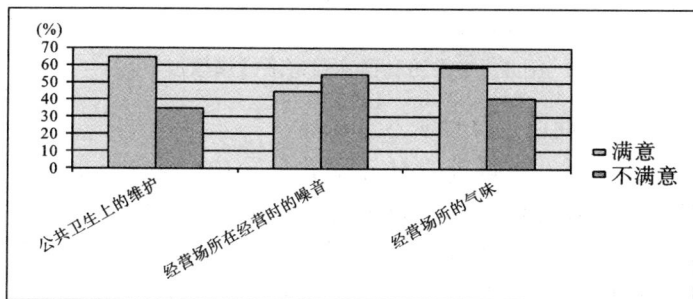

图3　中山路社区商业健康性满意度

4. 社区商业舒适性满意度

调查显示，被调查的 60 名社区居民中，近 2/3 的居民都对社区商业经营场所内部环境、经营人员服务态度以及附近便民设施的安置持满意的态度，其中有 27% 的居民更重视经营人员的服务态度，表示不满意，督促其提高服务水平。从总体来看，中山路社区商业的舒适性较高，居民乐意在此消费，如图 4 所示。

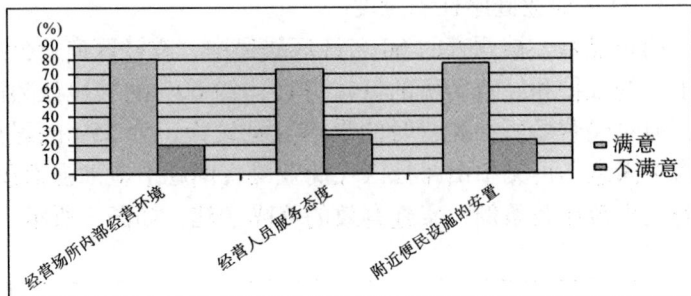

图4　中山路社区商业舒适性满意度

5. 社区商业选择性满意度

调查显示，被调查的 60 名社区居民中，80%以上的居民对社区商业在提供产品、服务满足总体日常生活需求方面和购买同一商品可以选择的商店数量方面持满意态度，有约15%的居民认为不满意。在商品满足多样化需求的程度上来看，虽然有77%的居民认为满意，但不满意的人数相较前两项增加了约8%。由此看出，中山路社区虽然在商店数量和产品、服务质量上深得民心，但在商品多样化方面还需要更丰富，才能不断满足人民日益增长的物质需求，如图5所示。

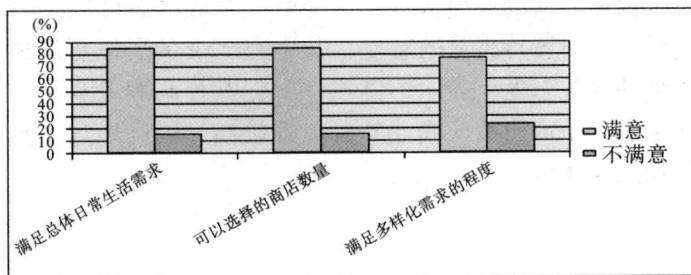

图5　中山路社区商业选择性满意度

6. 社区商业经济性满意度

调查显示，被调查的 60 名社区居民中，85%的人对社区总体经营档次感到满意，认为在总体经营档次提高的同时也提升了社区的总体形象。约25%的居民对社区商业经济的发展对提升社区房价表示出不满意的态度。由此可见，政府在规划社区商业、带动社区经济发展的同时，对社区房地产经济要实施有效的宏观调控，如图6所示。

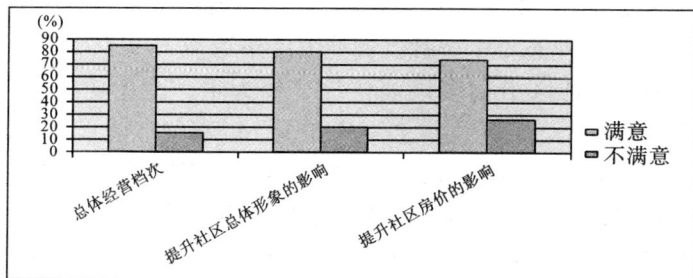

图6 中山路社区商业经济性满意度

综上所述，中山路社区居民对社区商业的便利性、安全性、健康性、舒适性、选择性、经济性满意度都较高，生活的幸福指数也较高。但在与居民的交谈中，我们发现，居民除了关心社区商业供应商品种类和选择的基本条件以外，很多的居民更注重社区商业的健康性，对此他们提出了很多意见和建议，如实施降噪措施，修建隔音墙，减少噪声污染；扩大绿化面积，并做到跟进与维护；清洁垃圾，去除异味，归还清新街道；整治小摊小贩，整洁各个街道；等等。

三、永川区中山路社区商业发展存在的问题

1. 缺乏科学规划，网点建设存在盲目性

目前，永川区的社区商业网点数量不少，但是由于缺乏政府部门的统筹规划，商业网点建设存在较大的盲目性，致使社区商业处于散乱无序状态。中山路社区商业的投资主体有区域性零售商、小区房地产开发商、居民自发形成的零散商铺，而

更多的是小卖部。这些小卖部大多是随机选址，有的甚至就在居民住宅内，经营范围有百货、食品、餐饮、洗衣等。俊豪中央大街和渝西广场等中心繁华地段网点过于密集，其余地区商业网点少、布局散、档次低，存在供需矛盾，往往造成竞争的无序性。这些都严重影响中山路社区整体形象的提高，对社区商业的发展产生不利影响，给居民生活造成不便。

2. 商业业态不全，社区商业发展不均衡

中山路社区沿街多以商住综合楼为主，商住功能不分，负面影响较大。社区网点大零售商少，以农贸市场、食杂店、小型专业店、小餐饮店、小美容美发店为主体，档次偏低，设施陈旧，功能不完善。繁华地带也只有小型百货中心（如新世纪百货、梅西百货、重庆百货）、超市（如重百超市、名豪超市、沃尔玛超市）、商场、便利店等传统业态，并且大多是单店经营，经营项目有限。居民需要的现代化服务，如通信、金融、家政、保健、医疗、美容美发等项目较少进入社区，满足不了社区居民高档次、个性化、现代化的消费需求。业态较单一、商业服务功能不全已成为制约社区发展的主要因素。

3. 管理机制不健全，政策支持力度不够

由于中山路社区商业业态与网点分布较广泛，涉及多个政府职能部门，协调管理难度较大，目前还缺乏有效的调控手段。管理机制的不健全导致社区商业建设和管理仍处于粗放发展的状态。加上受到对社区商业工作重视程度不够、投入力量不足、政策支持力度不大等因素的制约，政府未在社区建立明确有效的绩效考核制度，同时也未在社区居民中建立起良好的商业发展公示监督机制。这导致社区商业发展更多地表现为社区聚集区的开发建设快于政府、先于政府，存在诸多不合理的、严重影响便民商圈建设的行为。这是导致社区商业布局混乱、商业结构不合理的重要原因之一。

四、中山路社区商业发展的建议

1. 政府方面

（1）合理配置商业业态，重点培育品牌企业。政府应按照"缺什么，补什么"的原则，主动服务，积极搭建企业与居民之间供需互通平台。一是利用现有网点调整、配置业态，优先布局社区商业匮乏区域，引导连锁品牌企业入驻社区，完善业态配置。二是优化结构，完善功能，重点引进社区商业的品牌企业，并妥善处理好因品牌整合与置换而带来的问题。三是营造公平竞争的市场环境，保护消费者、经营者的合法权益，尽快建成较为完备的社区商业保障网络体系。

（2）依托家政网络平台，推进信息化建设。家政网络平台整合了家政、维修、医疗、住宿、教育、培训等居民日常所需的家政服务资源，市民只要在需要时拨打服务热线或点击网站，加盟企业便可应约上门，真正实现便民服务进家庭。政府应以家政网络服务平台为依托，整合社区商业资源，延伸服务范围和服务区域，鼓励品牌企业发展网上交易、送货上门、送餐上门、修理上门等服务，满足居民日益多元化、个性化的服务需求。

（3）重视日常监督考核，加强便民商圈管理。政府应建立目标考核制度，把发展社区商业工作作为各街道办事处和相关部门绩效考核的重要内容进行严格考核。政府应加强社区商业设施用途管理，严格按规划用途使用商业设施，坚决制止和纠正不按规定建设配套商业设施、随意改变配套商业用房规划用途性质的行为。政府应引导街道社区、社区商业企业、物业企业和市民群众积极参与管理，形成共创共建、共管共享的良好氛围。政府应建立社区商业发展公示监督制度，对社区便民商圈建设贡献突出的单位和个人，适时表彰奖励；对严重影响便民商圈建设的行为，要予以坚决制止并公开批评。

2. 商家方面

（1）强化社区商业的服务功能。第一，提供多样化、个性化、便利的购物服务，这是商业的基本功能。社区商业要根据社区居民的实际需要提供多样化的服务，如送货、安装、维修、咨询等，使居民感到在城市边缘如同在城市中心一样便利。第二，完善传统服务项目，提高社区商业的档次。例如，餐饮、美容、美发、洗衣、修理、服装加工等传统项目，应注意提高其服务水平，改善经营环境，使消费者享受到现代化的高水平的服务。第三，增设现代化服务项目，提高社区商业的档次。例如，医疗保健、通信、家政、法律服务、心理咨询、教育、娱乐等现代服务项目不但可以提高社区商业价值，而且可以营造社区文化氛围，提升社区和城市的层次。

（2）营造良好的社区文化氛围。社区是社区居民和社区商业企业生存的空间，因此建设社区也是商业企业义不容辞的责任。社区商业企业可以在搞好正常商业经营活动的基础上，利用节假日、纪念日等时机，创造条件开展丰富多彩的文娱活动，如组织儿童歌咏比赛、老年人书画展览、家庭运动会等，通过各种创新手段和方式，丰富居民精神生活、陶冶居民情操、开发居民潜能、增进居民交往、提高居民素质。另外，企业可以通过赞助社区健身设施、维护公共设施、帮助有困难的居民、奖励好人好事等形式，直接参与到社区建设中来，成为社区建设的中坚力量，使社区商业文化和生活文化互补互动，以弘扬社区健康向上的新风尚，共筑和谐的小康城市社区生活氛围。

3. 居民方面

居民应发挥监督作用，保障公民的环保权益，积极进言献策，同时大力倡导绿色生活，使环境保护成为一种生活方式、一种社区文化、一种人人可以参与的行为和时尚。

重庆市开县
社区商业调研报告

廖国甜　谭　燕　杨晓君[*]

调研时间：2015 年 5 月 16 日至 2015 年 5 月 17 日

调研地点：重庆市开县

调研方法：问卷调查法、电话调查法

一、开县社区、社区商业以及商贸流通发展概况

开县位于重庆市东北部，目前共有社区 72 个，其中县城区由汉丰街道、文峰街道、云枫街道 3 个街道办事处构成，有永兴、九龙、安康等 18 个社区，服务人口 50 多万人，城市社区商业面积 220 万平方米，人均商业设施面积 1.18 平方米，各类便民商业网点达 2 000 余个。开县现已建成安康、凤凰、九龙、永兴、驷马、宝华、富厚 7 个市级示范社区，在建双合店、永先、长青 3 个社区便民商圈。开县社区商业发展以新城安康核心商圈为龙头，安康片区为重点，中吉、平桥、丰乐、镇东片区协调配套，现已建成 5 个市级示范超市，30 个市级示范网点，12 个蔬菜和肉类社区直销店，初步形成功能相对完善的社区商业服务体系。

＊ 重庆工商大学贸易经济专业 2013 级廖国甜、谭燕、杨晓君。

　　到 2015 年，开县百亿元商圈实现商品销售总额 150 亿元，年均增长 23%；社会消费品零售总额突破 100 亿元，年均增长 22%。社区便民商圈服务半径 500~1 000 米商业设施覆盖率达到 92% 以上，人均社区商业面积达到 0.8 平方米，居民对商业设施满意度达 76%。商贸服务业每年新增从业人员 5 000 人，初步建成布局合理、业态齐全、功能完善、服务优质、方便快捷的新型社区商业体系。开县基本实现必备型业态配置全覆盖，实现"居民出家门步行 5 分钟到达便利店，10 分钟到达超市、餐饮店，驱车 15 分钟可到达购物中心"的目标。

　　开县商贸流通产业围绕"绿色、特色"发展，着力打造百亿元商圈，构建物流枢纽，完善城乡商贸服务体系，积极推进现代流通方式，努力培育消费热点，加速对内对外开放。开县商贸基础迅速增强，商贸经济持续快速健康发展，有力地促进了生产、引导了消费、改善了民生，促进了县域经济发展。其主要表现为：一是着力打造县城核心商圈。以大型超市商场、专业特色街等为着力点，快速推进商业设施和商业网点建设。二是着力建设便民商圈。坚持城市扩展和社区便民商圈同步推进。三是着力培育市场主体。四是着力推进商贸强镇战略。

二、调研对象及样本分析

　　1. 开县社区

　　本次调查共实地调查、电话调查了 7 个开县城区社区，以其中 4 个社区为样本，并分别走访了其居委会负责人。样本社区及居委会负责人情况如表 1 所示。

表 1　　　　　　　样本社区及居委会负责人情况

序号	社区名称	地址	负责人	是否为便民商圈
1	永兴社区	重庆市开县永兴街南四路	张丹萍	是
2	安康社区	重庆市开县凤凰路西一街 103	陈祝军	是
3	迎宾社区	重庆市开县开州步行街 1032	刘翔	否
4	凤凰社区	重庆市开县九龙路 438	陈海春	是
5	九龙社区	重庆市开县百成街北二路	廖德福	是
6	驷马社区	重庆市开县南山中路一街 27	潘中志	是
7	百成社区	重庆开县汉丰街道办事处百成街	李崇辉	否

2. 居民满意度调查

调查人员在 4 个实地受访社区中随机抽取居民 10 人或 15 人，共计 50 人进行满意度调查。其分布情况如表 2 所示。

表 2　　　　　　　　受访者分布情况

序号	所在社区	居民数（人）
1	永兴社区	15
2	九龙社区	15
3	安康社区	10
4	迎宾社区	10

数据来源：调查数据整理所得。

3. 样本回收情况

本次调查共发放问卷 64 份，收回 64 份，有效问卷 56 份，实际回收率和有效率分别为 100% 和 87.5%。

三、开县城区社区商业发展状况统计分析

1. 九龙社区城市便民商圈发展现状

九龙社区城市便民商圈基本情况如表 3 所示。

表 3 　　　　　九龙社区城市便民商圈概述

九龙社区便民商圈	范围	服务人口（万人）	商业面积（万平方米）	人均商业面积（平方米）	网点数量（个）	业态（种）数量（种）	连锁比重（%）	商业属性	商业形态	建成年限	市级、国家级
	—	4	5.24	1.31	1 020	23	42	沿街式	外向型	—	市级

数据来源：经调查所得。

（1）商圈边界。九龙社区商圈辐射边界东至月潭街，西至永兴街，南至南山中路，北至开州大道。商圈核心区域由开州步行街、百成街、锦城路环绕组成。便民商圈服务半径129.3 米，服务人口 4 万人。

（2）商业面积。商圈商业总面积达到 5.24 万平方米，人均商业面积 1.31 平方米。必备型业态商业面积占 93.16% 左右。商圈集中商业面积 1.99 万平方米。总体看来，九龙社区商业配备齐全、发展良好。

（3）商业定位。开县商务局对九龙社区的定位是集金融、购物、餐饮、娱乐等多功能于一体的具备一定辐射能力的城市小商圈，是重庆市级社区便民商圈。

（4）商业形态：沿街式。九龙社区在已成规模的新建居民区中，选择一些居民楼底层，建成商业用房，引进超市、餐饮、银行商业服务设施，满足居民就近对生活必需品消费和一定程度的精神享受的需要。

（5）商业属性：外向型。九龙社区商业体量较大，依靠社区居民的消费不足以支撑其商业的持续稳定经营，需要外

部较大规模的消费群来支撑商业的正常经营。

（6）商圈环境。九龙社区地处开县新城经济中心，社区环境优雅，舒适宜人。九龙社区绿化面积较大，是开县环保绿化带头示范社区。九龙社区常开展各类文艺及传统节日庆祝活动。九龙社区有龙锦名都、龙湖丽都、华夏上海城、德凯雅苑、吉祥中华城等高档楼盘。九龙社区交通便利，有湖中路、百成街、人民路等5条主干道交错分布，交通通达度较高，居民出行方式选择多样、方便快捷。九龙社区周边有开县最大的购物商场——新世纪商都。九龙社区还有游泳馆、儿童游乐场等高档娱乐场所。九龙社区商业发达，文化繁荣，是集高档住宅、商贸、文化、休闲、娱乐等多功能为一体的人口聚集区，是开县新城发展潜力较大社区之一。

（7）服务人群特点。九龙社区属于城市核心社区，人口来源的复杂性较弱，户籍在本社区的原住居民比重超过半数，外来常住人口占有一定比重，但比其他类型的社区的外来常住人口比重低，较多地保留了社区原本特色。服务人群年龄结构可以概括为"三最"，即少年儿童比重最低、劳动年龄人口比重最低、老年人口比重最高。人口文化素质相对较高，大专及以上文化程度人口比重达到24%~37%，文盲率最低。

2. 九龙社区业态业种情况分析

（1）业态分析。调查结果显示，重庆市开县九龙社区业态网点数量约为826个，其中大型综合超市有220个，经营面积约占所有业态经营面积的37.7%；超级市场和便利店分别有66个和198个，面积占比分别为5.7%和9.5%；专业店和专卖店分别有162个和173个，面积占比分别为15.1%和13.5%；购物中心有6个，面积占比为7.1%；百货店有1个，面积占比为11.4%；没有仓储式、会员式商店（见表4）。重庆市开县九龙社区便民商圈业态的多样化，一定程度上带动了开县经济的发展，也给九龙社区居民的生活带来了多样化的影响，提高了其生活水平。

表4　　　　　　九龙社区便民商圈业态情况表

序号	业态	网点数量（个）	经营面积（平方米）	面积占比（%）
1	超级市场	66	3 000	5.7
2	大型综合超市	220	19 800	37.7
3	百货店	1	6 000	11.4
4	便利店	198	5 000	9.5
5	仓储式商店	0	0	0
6	专业店	162	7 890	15.1
7	购物中心	6	3 690	7.1
8	专卖店	173	7 100	13.5
	合计	826	52 480	100

资料来源：开县商务局提供。

（2）业种分析。根据我们的调查，重庆市开县九龙社区业种网点数量约为986个，可分为服装店、洗衣店、餐饮店、药店、书店、超市等。与日用品消费相关的业态，服装店的网点数量为85个，洗衣店的网点数量为50个，餐饮店的网点数量为200个，药店的网点数量为30个，超市的网点数量为286个。与娱乐消费相关的业种，百货公司有1个，电影院有3个，KTV有4个，花店有13个，珠宝店有1个。其他未列举的业种有163个（见表5）。在重庆市开县九龙社区便民商圈各业种网点数量中，与日用品消费相关的业种网点数量相对比较多，而与娱乐消费相关的业种网点数量相对比较少。分析可知，九龙社区居民娱乐消费倾向小于日用品消费倾向。

表5　　　　　　　九龙社区便民商圈业种情况表

序号	业种	网点数量（个）
1	服装店	85
2	鞋店	78
3	洗衣店	50
4	餐饮店	200
5	美容美发店	46
6	药店	30
7	书店	9
8	超市	286
9	百货公司	1
10	电影院	3
11	KTV	4
12	花店	13
13	银行	14
14	邮局	3
15	珠宝店	1
16	其他	163
合计		986

资料来源：开县商务局提供。

（3）主要业态业种店铺分析。调查结果显示，重庆市开县九龙社区业态业种繁多，各种业态业种类型都有各自的代表店铺。其中，新世纪百货是九龙社区便民商圈中唯一的百货商店，凭借其良好的购物环境、精美的产品、优质的服务，新世纪百货很受九龙社区居民的欢迎，因此获得了社区居民的一致好评，也是平时居民进行消费的重要场所。九龙社区的超市中最具有代表性的是惠客隆超市，它是一家连锁超市，商品丰富、价格适中。九龙社区还有各种服装店、鞋店、珠宝店和食品店等，为居民消费带来了便利，比较有代表性的是海宁皮草。九龙社区还有电器专卖店，如鹏程家电专卖店，供居民平时购买家居用品。

3. 永兴社区城市便民商圈现状

（1）商圈边界。永兴社区商圈辐射边界东至月潭街，西至永兴街，南至南山中路，北至开州大道。商圈核心区域由安康街、占地移民自建小区、月潭街、开州大道中段、南山中路环绕组成。永兴社区便民商圈服务半径 71.03 米，服务人口 1.5 万人。

（2）商业面积。商圈商业总面积达到 1.58 万平方米，人均商业面积 1.05 平方米。

（3）商业定位。开县商务局对永兴社区的定位是集金融、购物、餐饮、娱乐等多功能于一体的具备一定辐射能力的城市小商圈，是重庆市级社区便民商圈。

（4）商业形态：沿街式。永兴社区在已成规模的新建居民区中，选择一些居民楼底层，建成商业用房，引进超市、餐饮、银行等商业服务设施，满足居民就近对生活必需品消费和一定程度的精神享受的需要。

（5）商业属性：内向型。永兴社区商业面积与住宅面积之比在 2% 以下，人均商业面积约 1 平方米，商业体量较小，没有形成规模效应。一般情况下，永兴社区人口规模足以支撑商业的正常经营。

（6）商圈环境。永兴社区与荷塘佳苑、南山佳苑等多个居民小区相邻，环境优雅，方便快捷。商圈周边交通便利，有开州大道、南山中路、月潭街等 8 条主干道交叉分布，交通通达度较高，居民出行方便。商圈内包含市政广场、举子广场等休闲娱乐场地，居民生活舒适、安逸。

（7）服务人群特点。永兴社区属于城市边缘社区，户籍在本地区的居民的比重随着地理位置的外移开始减少，其他人口增多。外来常住人口比重相对于城市核心社区稍高一些。服务人群年龄结构特征可以概括为"两高一低"，即少年儿童比重较高，劳动年龄人口比重较高，老年人口比重稍低。服务人群总体性别比均衡，但出生性别比失衡严重。人口文化结构属于次优，大专及以上文化程度人口比重较高，但是低于城市核心社区的水平，文盲率不高。

永兴社区城市便民商圈基本情况如表6所示。

表6 永兴社区城市便民商圈基本情况

永兴社区便民商圈	范围	服务人口（万人）	商业面积（万平方米）	人均商业面积（平方米）	网点数量（个）	业态（种）数量（种）	连锁比重（%）	商业属性	商业形态	建成时间	市级、国家级
	—	1.5	1.58	1.05	725	20	23%	沿街式	内向型	—	市级

数据来源：经居委会提供数据与实地调研数据整理得出。

4. 永兴社区业态业种情况分析

（1）业态分析。调查结果显示，重庆市永兴社区业态网点数量约为273个，其中大型综合超市有5个，经营面积约占所有业态经营面积的27.6%；超级市场和便利店分别有20个和42个，面积占比分别为11.4%和5.5%；专业店和专卖店分别有105个和98个，面积占比分别为17.4%和13.1%；购物中心有2个，面积占比为14.0%；百货店有1个，面积占比11.0%；没有仓储式会员式商店（见表7）。重庆市开县永兴社区便民商圈业态的多样化，一定程度上带动了开县经济的发展，也给永兴社区居民的生活带来了多样化的影响，提高了生活水平。

表7　　　　　　永兴社区便民商圈业态情况表

序号	业态	网点数量（个）	经营面积（平方米）	面积占比（%）
1	超级市场	20	6 200	11.4
2	大型综合超市	5	15 000	27.6
3	百货店	1	6 000	11.0
4	便利店	42	3 000	5.5
5	仓储式会员式商店	0	0	0
6	专业店	105	9 450	17.4
7	购物中心	2	7 580	14.0
8	专卖店	98	7 100	13.1
	合计	273	54 330	100

资料来源：开县商务局提供。

（2）业种分析。根据我们的调查，重庆市开县永兴社区业种总数约为 13 种，可分为服装店、洗衣店、餐饮店、药店、书店、超市等。与日用品消费相关的业种有服装店 65个、洗衣店 5 个、餐饮店 124 个、药店 30 个、超市 25 个等。与娱乐消休闲相关的业种有电影院 1 个、KTV 1 个、花店3 个，其他未列举的业种 67 个（见表 8）。在重庆市开县永兴社区便民商圈各业种网点数量中，与日用品消费相关的业种网点数量占绝大部分，但没有邮局会为居民生活带来不便，而与娱乐消费相关的业种网点数量很少。分析可知，永兴社区居民消费主要是日用品消费，娱乐休闲消费较少。

表 8   永兴社区便民商圈业种情况表

序号	业种	网点数量（个）
1	服装店	65
2	鞋店	38
3	洗衣店	5
4	餐饮店	124
5	美容美发店	81
6	药店	30
7	书店	9
8	超市	25
9	电影院	1
10	KTV	1
11	花店	3
12	银行	3
13	其他	67
合计		452

资料来源：开县商务局提供。

（3）主要业态业种店铺分析。调查结果显示，重庆市开县永兴社区业态业种较为丰富，各种业态业种类型都有各自的代表店铺。其中，永兴社区的超市具有代表性的是多乐多超市，其经营商品丰富、价格适中，受到永兴社区居民的欢迎，因此获得了社区居民的一致好评，也是平时居民进行消费的重要场所。永兴社区还有各种服装店、鞋店、食品店等，为居民消费带来了便利，比较有代表性的是雅梦鞋业。永兴社区还有电器专卖，如佳友电器专卖店。

四、开县社区商业满意度分析

社区居民对便民商圈的满意程度反映了社区商业的发展程度，也反映了社区商业的问题和不足之处，只有切实了解社区居民对便民商圈的要求，才能根据居民要求改善不足之处，更好地服务居民，发展社区商业。我们在开县城区走访了多个社区，随机抽取共 50 名社区居民对他们进行社区便民商圈的满意度问卷调查，了解他们对便民商圈的满意程度，进而分析出开县社区商业面临的问题和挑战。

1. 社区便民商圈便利性满意程度

社区便民商圈建立的初衷就是为社区居民带来便利，同时促进商业发展，带动经济增长。为了了解社区居民对社区便民商圈的具体满意情况，我们走访了多个社区，并对社区居民进行问卷调查。调查结果显示，7%的受访者对社区商圈的便利性表示非常满意，56%的受访者表示满意，30%的受访者表示比较满意，仅有 7%的受访者对社区商圈的便利性表示不满意，认为社区商业在某些方面还有不足之处（见图 1）。总体满意度达到 90%以上，表明社区商圈的便利性得到居民的广泛认同。

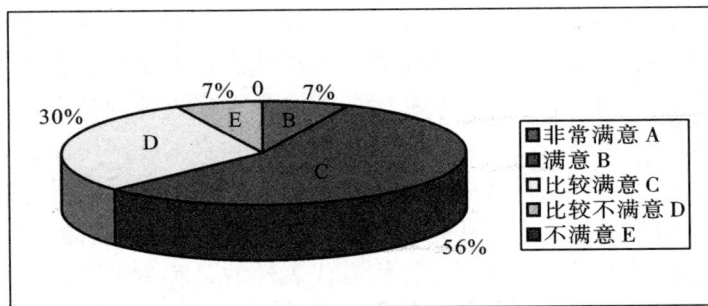

图 1　社区便民商圈便利性满意度

2. 社区便民商圈产品安全性满意程度

产品的安全性也是居民关心的一个重要的问题，只有对产品的安全性满意了，居民才能放心地购买和使用产品。因此，社区居民对产品安全性的满意程度很大程度上反映了社区商圈的发展情况。调查结果显示，74%的居民对产品安全表示满意和比较满意，认为产品能够比较放心地消费使用；有26%的居民对产品安全表示比较不满意和不满意（见图2）。不满意的产品主要为食物，比如猪肉、蔬菜、食用油等。民以食为天，食品的安全与居民健康息息相关，社区商业在食品的安全性方面还需加强。

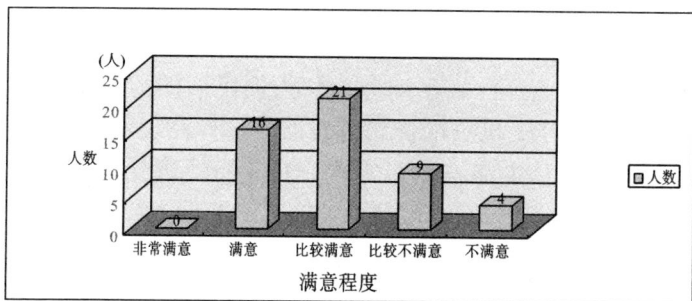

图2　社区便民商圈产品安全性满意度

3. 社区便民商圈舒适性满意程度

社区商圈舒适性主要由商圈所在位置、环境、规划等方面决定。调查结果显示，20%的受访居民对社区商圈的舒适性表示满意，54%的受访者表示比较满意，13%的受访者表示比较不满意，13%的受访者表示不满意（见图3）。不满意的主要原因是噪音过大、环境卫生欠佳以及部分餐饮店直接将油烟排入小区，严重影响了居民的生活环境和空气质量，凸显出社区商业在服务专业化、规范化方面存在缺陷。

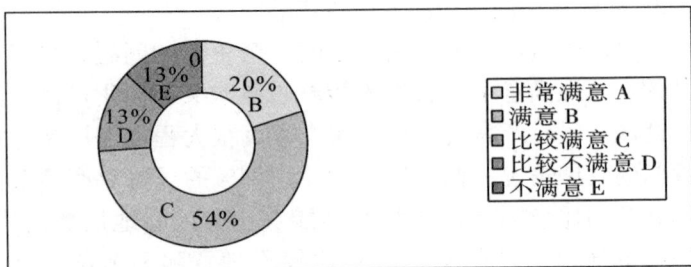

图3　社区便民商圈舒适性满意度

4. 社区便民商圈选择性满意程度

社区商圈的选择性主要包括社区商业提供产品和服务能否满足居民日常生活所需以及能否满足居民多样化需求等方面。调查得知，3%的受访者对商圈选择性非常满意；40%的受访者对商圈选择性表示满意，认为便民商圈能够满足居民多样性选择需求；30%的受访者对商圈选择性表示比较满意，认为便民商圈基本能够满足需求；17%的受访者对商圈选择性表示比较不满意，部分需求没有得到满足；10%的受访者对商圈选择性不满意，需求不能得到满足（见图4）。

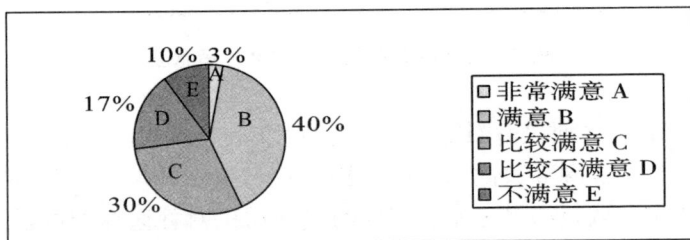

图4　社区便民商圈选择性满意度

5. 社区便民商圈经济性满意程度

居民对社区便民商圈经济性的满意程度主要表现在社区商业经营档次、提升社区形象、提升房产价值等方面。17%的受访者对便民商圈经济性表示满意，认为社区商业对以上三个方面有较大影响；53%的受访者对便民商圈经济性表示比较满意，认为社区商业对以上三个方面有一定影响；23%的受访者对便民商圈经济性表示比较不满意，7%的受访者对便民商圈经济性表示不满意，认为社区商圈对以上三个方面影响较小或没有影响，表明社区商业在经济性上还需多做工作（见图5）。

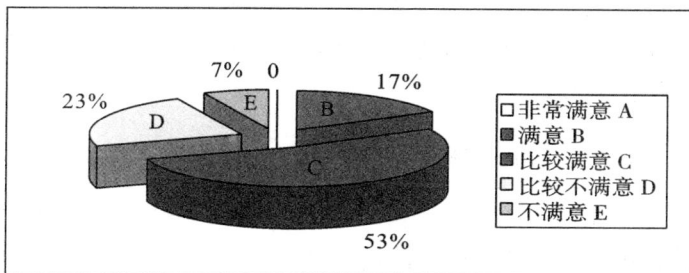

图5　社区便民商圈经济性满意度

五、开县社区商业发展情况调查结果

由于团队能力有限，本次调研共抽取4个社区及其负责人和60余位居民参加调查。从中发现开县社区商业发展的良好势头与瓶颈问题。根据以上的统计信息和数据，我们分析出以下调查结果。

1. 开县社区商业的特点

开县社区商业促进了经济持续发展。开县通过大力组建并扶持社区商业的健康发展，提升了开县商业土地规模经营水平，促进了更多的居民剩余劳动力从事经商、餐饮、加工等服务行业，加快了开县第二产业和第三产业的发展步伐。开县社区发展不均衡、彼此交流学习较少。地处城区中心地带的社区，如安康社区、驷马社区、九龙社区早已经是市级便民商圈，其发展速度快，吸引了大批的企业和连锁店入驻，但是靠近城边的社区，如平桥社区、三中社区，其规划和发展速度较慢，社区商业形态不完善、网点布局不规范、政府关注度较低，导致发展困难。

2. 社区便民商圈建设工作开展情况

开县以便民利民为出发点，坚持城市扩展和发展社区便民商圈统筹协调、同步推进，优化商业结构和布局，推进城市社区"双进"工程，完善社区便民利民服务设施和网络，突出完善必备型业态和便民服务项目，积极创建与培育新的社区便民商圈。

六、开县社区商业存在的问题

开县社区商业虽然取得了较快发展，但由于起步晚、基础差，仍存在一些亟待解决的问题。

1. 社区商业运营管理体制不健全，社区商业发展缺乏科学规划和有效指导

上到政府统筹规划，下到店铺运营配合，开县社区商业都还存在一定的问题。目前，开县社区商业在发展中较多的商业网点与社区住宅混杂在一起，严重影响了居民的正常生活，并造成安全隐患和环境污染。其中，建在居民楼底层或楼内的餐馆、酒店以及各类服务机构影响较大。餐馆乱排放的油烟、茶楼深夜的麻将声都对居民的日常生活造成了影响，加之缺乏政府的科学规划和有效指导，出现较多的纠纷。社区商业缺乏科学规划、合理分工和有效监督。从长远看，商圈建设及运营管理方面的体制、机制还有待进一步完善。

目前开县的社区便民商圈的整体规划、业态调整还缺乏统一标准，品位不高，社区建设缺乏特色。商家及消费者违规占道的现象屡见不鲜。我们实地调研的九龙、永兴等社区的商业街道的灯光装饰不统一，杂乱且缺乏特色。加之各个便民商圈的商业网点店铺没有统一规范的门头牌匾，大小不

一、颜色各异的店铺牌匾，拉低了社区的标准化程度，降低了商业品味。绿化与美化程度低，便民商圈的整体绿化程度低，影响市容环境。各个社区缺少创新元素，没有标志性特征，辨识度低。

2. 企业规模偏小，经营方式粗放，缺乏高素质经营管理人才

由于开县是县级城市，受到居民消费能力和城市经济发展状况的影响，建立起来的社区商业规模较小，吸引大牌商家入驻的能力较低。因此，开县各个社区商业中缺乏具有核心竞争力的大企业、大集团、大市场、连锁公司，聚合辐射能力弱。同时，个体工商户及小微企业比重太大，导致组织化程度、规模化程度都低。"大市场、大流通、大企业"发展格局尚未形成。

从全县看，商业网点设施配套不足，成为目前开县社区商业中的薄弱环节。社区商业现状与社区居民的消费需求还有差距。这表现为传统业态多、现代业态少，购物类多、服务类少。当前经营户的业务技能和管理水平低，经营粗放，常年守着十几平方米的商业门面进行家庭作坊式经营，对现代流通方式和现代业态缺乏了解。因此，社区附近的店铺多以餐饮、便利店、菜市场等购物类为主，缺乏现代的金融、银行等服务类业态。这在一定程度上制约了开县社区商业的提升和发展。

3. 社区商业发展不平衡、基础设施不配套、网点分布不合理

社区商业发展不平衡，老社区商业网点发展慢、基础差。开县的社区商业发展只注重中心城区的商业发展，存在忽视老城区社区商业建设现象。目前新城区的生活区内商业设施不完善，开发商注重房产效益而忽视配套商业，使社区商业处于无序发展状态。一些老社区商业设施简陋、功能不全，

多是利用自有房或临时搭建，甚至是违章建筑开办的。这些小店铺商品单一、质量低劣，购物环境和卫生状况较差，造成社区居民日常消费购物不便，并且社区的服务功能不健全，与建设"便利消费进社区，便民服务进家庭"的"双进"工程差距较大。

社区商业现代基础设施较差，难以满足居民的消费需求，现代服务业不够发达。在调查中，有的居民反应社区没有停车场，车辆乱停乱放现象比较严重；有的居民反应社区没有菜市场，居民买菜不方便；有的居民反应家政服务业没有形成，居民寻求家政服务很不方便；有的居民反应社区商业网点不能仅依靠小店小铺、小商小贩提供商品和服务，要提高档次，保证质量；等等。从居民反应的情况看，社区商业的服务功能普遍滞后于居民的消费需求。因此，加强社区商业基础设施的规划和建设，拓展社区商业服务功能，是落实科学发展观，完成社区"双进"工程的重点工作。

社区商业服务网点分布不合理。从开县社区服务网点的空间分布来看，出现了一些区域社区商业网点服务相对集中，从而造成了市场竞争激烈、社区商业企业利润下滑的情况。而在一些城区边缘的社区，大中型超市的分布却相对匮乏，给周边居民的日常生活带来很大的不便。以九龙社区为例，其地处开县中心地带，聚集了大量的大型企业，如新世纪超市、惠客隆购物中心，还有几条商业步行街，因此导致市场竞争激烈。然而，处于城边的平桥社区却只有几个中型超市，没有大型购物中心，社区居民能够享受到的社区商业服务网点较少。

七、开县社区商业进一步发展的对策

我们通过对实地调研数据及开县商务局提供的相关资料进行分析，并结合开县实际情况，为进一步推动开县社区商

业上水平、上台阶，提出以下对策。

1．政府方面

政府应积极倡导且加强总体规则。首先，政府相关部门应进一步健全和完善开县社区商业中重点项目开发建设的协调机制，进一步明确部门职责，密切配合，强化服务，抓好落实。其次，政府应加强政策支持，执行好《开县人民政府关于鼓励和扶持限额以上民营商贸流通企业发展的实施意见（试行）》，扶持骨干和新型现代化商贸企业发展。最后，政府应加大招商引资力度，吸引国内一些大的集团和知名企业在商圈斥资建设商务商贸等基础设施，以促进便民商圈早日达到国家级，提高商圈的档次。政府应以"高起点规划，高标准建设，高效率管理"为宗旨推进社区便民商圈建设。

居委会应坚持便民商圈最基本的便民利民原则。首先，居委会应在规划小区建设时就进行一些社区商贸配套服务的规划和建设，特别是对居住环境影响较大的酒店、餐饮企业，应规划餐饮一条街，对经营场所统一设计环保设施，如油烟、污水、噪音等的处理、排放设施，解决餐饮、住宅混杂扰民问题。其次，居委会应在小区建成后通过招商引资，引导服务功能齐全的商业、服务业进驻，促使行业结构更加合理，商业服务功能更加完善。居委会应追求便民商圈得更加便捷、周到、满意；建立齐全的社区商贸配套服务，提振消费信心，促进安全消费，营造良好的社区消费环境。最后，居委会应该建立完善的社区商业管理体系，坚持求真务实、开拓创新，不断促进社区商业网络建设，繁荣社区经济，努力建设让居民放心、满意，让商家安心、获利，具有更高文明程度的商业示范社区。

2．商家方面

首先，在面对居民消费要求的提高和多元化的需求下，商户要抓紧调整自身的形态以符合所在商圈的业态标准，突出品牌特色，形成品牌效应，努力使社区商业发展适应消费需求变化的需要。其次，商户应全面提升社区商业的信息化管理和应用水平，不断创新服务手段。社区商业企业应该建立能为社区居民提供定向、快捷和周到的服务的电子商务环境，宣传和引导社区居民电话购物、网上消费，促进社区商业的网络化和产业化，进一步提高居民的生活质量。最后，有能力的商家可采取连锁品牌策略，使社区商业企业逐步向连锁经营方向发展，实现统一标识、统一管理、统一价格、统一采购、统一配送和统一标准的"六统一"，通过连锁经营，实现社区商业经营管理规范化和商品（服务）标准化，降低经营管理成本，提高经济效率。

3. 消费者方面

首先，作为社区商业的服务对象，开县有一部分特殊群体那就是移民。开县移民人群分布在各大便民商圈中，他们作为消费者有其自身的特点。移民小区消费者应该提高自身素质，提高对产品和服务质量的要求，提高生活水平，加强安全意识，包括饮食安全方面的餐馆的选择和人身安全方面的社区环境保护。其次，一般居民应该树立正确的消费理念，积极配合社区商业发展。居民如果发现商业网点布局不合理，或者有好的意见和建议应该向相关部门反映而不是一味抱怨，给其他居民带来负面情绪。居民在发现店铺排污、噪音影响自身时应和平解决问题，避免纠纷。

附件：重庆市社区商业居民满意度调查问卷

重庆市社区商业居民满意度调查问卷

尊敬的先生/女士：

　　您好！我们是重庆工商大学经济学院的学生。为切实提高重庆市社区商业发展水平，我们拟定了重庆市社区商业居民满意度调查问卷，希望能听取您对重庆市社区商业发展现状的建议和意见，敬请在符合您情况的项目项打"√"。衷心感谢您的支持与合作！

重庆工商大学经济学院

一、社区商业经营场所便利性满意度

1. 您从家里到购物场所的方便程度如何？
A. 不方便　　　　B. 比较不方便　　　　C. 方便
D. 比较方便　　　E. 非常方便
2. 您从家里到餐饮店铺的方便程度如何？
A. 不方便　　　　B. 比较不方便　　　　C. 方便
D. 比较方便　　　E. 非常方便
3. 您从家里到美容美发店的方便程度如何？
A. 不方便　　　　B. 比较不方便　　　　C. 方便

D. 比较方便　　E. 非常方便

4. 您从家里到营业性健身场所的方便程度如何？

A. 不方便　　　B. 比较不方便　　　C. 方便

D. 比较方便　　E. 非常方便

5. 您从家里到菜市场的方便程度如何？

A. 不方便　　　B. 比较不方便　　　C. 方便

D. 比较方便　　E. 非常方便

6. 您从家里到家庭服务网点的方便程度如何？

A. 不方便　　　B. 比较不方便　　　C. 方便

D. 比较方便　　E. 非常方便

7. 您从家里到医疗保健机构的方便程度如何？

A. 不方便　　　B. 比较不方便　　　C. 方便

D. 比较方便　　E. 非常方便

8. 您上下班时经过商业设施的方便程度如何？

A. 不方便　　　B. 比较不方便　　　C. 方便

D. 比较方便　　E. 非常方便

9. 您对社区商业网上交易、网上服务水平的满意程度如何？

A. 不满意　　　B. 比较不满意　　　C. 满意

D. 比较满意　　E. 非常满意

10. 您对社区商业送货上门、送餐上门、修理上门水平的满意程度如何？

A. 不满意　　　B. 比较不满意　　　C. 满意

D. 比较满意　　E. 非常满意

二、社区商业产品安全性满意度

11. 您认为社区商业餐饮食品卫生安全程度如何？

A. 不安全　　　B. 比较不安全　　　C. 安全

D. 比较安全　　E. 非常安全

12. 您认为社区商业购物场所内商品的质量安全程度如何？

　　A. 不安全　　　B. 比较不安全　　　C. 安全
　　D. 比较安全　　E. 非常安全

13. 您认为社区商业中美容美发店内使用产品的安全程度如何？

　　A. 不安全　　　B. 比较不安全　　　C. 安全
　　D. 比较安全　　E. 非常安全

14. 您认为社区商业菜市场蔬菜与肉类食品质量安全程度如何？

　　A. 不安全　　　B. 比较不安全　　　C. 安全
　　D. 比较安全　　E. 非常安全

15. 您认为社区商业员工进出社区的安全程度如何？

　　A. 不安全　　　B. 比较不安全　　　C. 安全
　　D. 比较安全　　E. 非常安全

三、社区商业经营场所健康性满意度

16. 您对社区商业经营场所在公共卫生上的维护满意程度如何？

　　A. 不满意　　　B. 比较不满意　　　C. 满意
　　D. 比较满意　　E. 非常满意

17. 您对社区商业经营场所在经营时的噪音满意程度如何？

　　A. 不满意　　　B. 比较不满意　　　C. 满意
　　D. 比较满意　　E. 非常满意

18. 您对社区商业经营场所周围的气味满意程度如何？

　　A. 不满意　　　B. 比较不满意　　　C. 满意
　　D. 比较满意　　　E. 非常满意

四、社区商业经营场所舒适性满意度

19. 您对社区商业经营场所内部的经营环境满意程度如何?

    A. 不满意   B. 比较不满意   C. 满意

    D. 比较满意   E. 非常满意

20. 您对社区商业设施经营场所经营人员的服务态度满意程度如何?

    A. 不满意   B. 比较不满意   C. 满意

    D. 比较满意   E. 非常满意

21. 您对社区商业附近便民设施的安置情况满意程度如何?

    A. 不满意   B. 比较不满意   C. 满意

    D. 比较满意   E. 非常满意

五、社区商业经营场所选择性满意度

22. 您对社区商业营业场所提供的产品和服务满足总体日常生活需求的满意程度如何?

    A. 不满意   B. 比较不满意   C. 满意

    D. 比较满意   E. 非常满意

23. 您对同类营业场所的竞争程度满意程度如何?

    A. 不满意   B. 比较不满意   C. 满意

    D. 比较满意   E. 非常满意

24. 您对同类营业场所的差异程度满意程度如何?

    A. 不满意   B. 比较不满意   C. 满意

    D. 比较满意   E. 非常满意

六、社区商业经营场所经济性满意度

25. 您对社区商业经营场所总体的经营档次满意程度如何？

    A. 不满意   B. 比较不满意   C. 满意

    D. 比较满意   E. 非常满意

26. 您对社区商业经营场所对社区总体形象的影响满意程度如何？

    A. 不满意   B. 比较不满意   C. 满意

    D. 比较满意   E. 非常满意

27. 您对社区商业经营场所对社区房地产价值的影响满意程度如何？

    A. 不满意   B. 比较不满意   C. 满意

    D. 比较满意   E. 非常满意